Albrecht v. Blanckenburg

AF222581

Freude am Singen
Ein Liederbuch für Jung und Alt

Der Autor

Albrecht v. Blanckenburg ist Diplom-Rhythmiklehrer (Studium an der Hochschule für Musik und Theater Hannover) und Musiktherapeut. Seit 1985 leitet er Musiktherapiegruppen in verschiedensten Institutionen, arbeitete mit psychisch gestörten Jugendlichen im Bereich Rhythmik, Musik und Theater, übte eine Tätigkeit als Dozent für Rhythmik an der Hochschule für Musik und Theater in Hannover aus.

1990 bis 1993 war er Leiter der Kunstschule NOA NOA in Barsinghausen und widmete sich dort besonders der künstlerisch-pädagogischen Arbeit mit Kindern. Seitdem arbeitet er selbstständig als Musiktherapeut, Autor, Kinderliedermacher und Musiker. Auf Fortbildungsveranstaltungen gibt er seine Erfahrungen mit der Musiktherapie an Interessierte weiter. Vom gleichen Autor ist beim Schulz-Kirchner Verlag auch der erfolgreiche Titel „Musiktherapie mit Senioren" erhältlich.

Der Zeichner

Die Bilder in diesem Werk stammen von Moritz v. Blanckenburg, einem Bruder des Autors. Er ist Autodidakt und illustrierte bereits einige Bücher. Der Pädagoge wohnt im Dorf Waake in der Nähe von Göttingen und unterrichtet Grundschulkinder in der Gartetalschule Kerstlingerode.

Albrecht v. Blanckenburg

Freude am Singen

Ein Liederbuch für Jung und Alt

Idstein 2005

Bibliografische Information Der Deutschen Bibliothek
Die Deutsche Bibliothek verzeichnet diese Publikation in der Deutschen Nationalbibliografie; detaillierte bibliografische Daten sind im Internet über http://dnb.ddb.de abrufbar.

3. überarbeitete und erweiterte Auflage 2005
ISBN 978-3-8248-0170-1

Vorwort zur dritten Auflage

„Tausend Künste kennt der Teufel,
... aber singen kann er nicht,
denn Gesang ist ein Bewegen
unserer Seele nach dem Licht"
Max Bewer

„Freude am Singen" geht nun schon in die dritte überarbeitete Auflage und hat jetzt einen ganz neuen Aspekt dazu gewonnen. Es soll jetzt nicht mehr nur „das Liederbuch für Senioren" sein, sondern „Volkslieder für Jung und Alt" bieten.
So viele Menschen aller Altersgruppen haben bisher sehr positiv auf mein Liederbuch reagiert. Da keine Generation vom Singen aus diesem Buch ausgeschlossen werden soll, habe ich es jetzt geöffnet und den Untertitel und auch den Inhalt geändert und erweitert. Kinder, Jugendliche, junge Erwachsene und Senioren sollen Freude am Singen dieser Lieder haben und dieses Buch fleißig nutzen.

„Freude am Singen" enthält neben den beliebtesten und schönsten deutschen Volksliedern auch Lieder, die durch ihre schöne Melodie oder ihren interessanten Inhalt besonders gefallen. Seit über dreißig Jahren singe und musiziere ich nun mit traditionellen Volksliedern und entdecke dabei immer wieder neu, wie lebendig und inhaltsvoll sie sind. Besonders in der musiktherapeutischen Arbeit zeigt sich immer wieder die große positive Kraft der Volkslieder. Sie können erfreuen, beruhigen, erheitern, betroffen machen, Erinnerungen wecken, zum Tanzen und Bewegen anregen oder einfach durch Freude am Tun gesungen werden. Ich bin immer wieder überrascht, wie begeistert Menschen aller Generationen auf das gemeinsame Singen und Musizieren reagieren und wie gerne sie jedes Mal in meine regelmäßigen Gruppen kommen um dort zu singen.

Singen bringt Farbe in den Alltag, belebt Körper und Geist und verbindet die Menschen miteinander. Volkslieder sind dabei besonders gut geeignet, denn sie sind weit verbreitet, haben leicht verständliche Texte, die jeden ansprechen können und werden oft auswendig beherrscht. Das erleichtert den Zugang zum gemeinsamen Singen.

Auch für kranke Menschen ist die positive Wirkung des Singens eine große Hilfe. Singen trainiert Atem und Stimme, fördert die Gedächtnisleistung, animiert zur Kommunikation und bringt Lebensfreude.

Musik begleitet uns Menschen durch das ganze Leben. Jung und Alt können im deutschsprachigen Raum auf einen reichen Erfahrungsschatz an Liedern zurückgreifen. Im deutschen Volksliedarchiv in Freiburg sind über 250.000 Liedbelege registriert, deren Kernbestand durch eine in allen deutschsprachigen Landschaften durchgeführte Sammelaktion (1912-1930) zusammengetragen wurde. Dieser einzigartige Schatz an Liedern ist einmalig und zeigt, wie in unserer Kulturentwicklung immer wieder neue Lieder entstanden und so Inhalte transportierten, um die Entwicklung unserer Gesellschaft darzustellen und dabei auch manchmal kritisch zu beleuchten.

Im Laufe der Zeit haben sich bestimmte Volkslieder herauskristallisiert, die so gut bei den Menschen ankamen, dass sie nicht mehr in Vergessenheit geraten konnten. Sie sind die besonders herausragenden Volkslieder. Da es auch interessant ist, wer die Lieder komponiert, gedichtet, gesammelt und veröffentlicht hat, habe ich diese Hintergrundinformationen in den Anmerkungen zusammengetragen. Es werden dort auch Hinweise gegeben, ob und wie man sie z.B. mit elementaren Instrumenten rhythmisch begleiten kann.

Dieses Liederbuch ist auch in besonderem Maße in Zusammenarbeit mit älteren Menschen entstanden. Von ihrem Erfahrungsschatz können die jüngeren Menschen profitieren. Sie sind es, die viele Texte noch auswendig gelernt haben, die zweite Stimme frei singen können und auch wichtige Erlebnisse ihres Lebens mit bestimmten Liedern verknüpfen. Aber auch das Singen mit Kindern ist immer wieder ein schönes Erlebnis — in meiner Arbeit sind dabei viele eigene Kinderlieder entstanden, von denen einige in diesem Buch das erste Mal veröffentlicht werden.

In unserer medialen, modernen Welt hat das Singen von Volksliedern leider nur noch wenig Platz, die Hausmusik muss um ihren Stellenwert kämpfen und die Musikindustrie ist völlig kommerzialisiert. Trotzdem haben die Volkslieder sich behauptet und sind lebendig wir eh und je. Wie viel Freude es macht, gemeinsam die schönen Lieder zu singen, werden hoffentlich noch viele, auch mit Hilfe dieses Buches erfahren. Es ist ein Liederbuch, das benutzt werden möchte. Entdecken auch Sie, lieber Leser, den Schatz der Lieder wieder und lassen Sie die alten Melodien wieder zum Klingen kommen. Dabei wünsche ich Ihnen viel Erfolg.

Zu guter Letzt noch ein dickes Dankeschön an meinen Bruder Moritz, der dieses Buch mit seinen Zeichnungen bereichert hat.

Albrecht v. Blanckenburg
Januar 2005

Wir kommen heut zusammen

Wir kom-men heut zu - sam- men, an die - sem schö- nen
In die- ser munt- ren Run- de woll'n wir uns wie- der -

Tag und tref- fen gu - te Freun- de, sind froh und un- ver- zagt
sehn, so laßt uns heut ge- mein- sam ein Stück des We- ges geh'n.

Tra la la la la, Tra la la la la, Tra la la la la la la la la la, Tra

la la la la, Tra la la la la, Tra la la la la la.

2. Wie alte Lieder klingen
   von längst vergang'ner Zeit,
   so gehen die Gedanken
   zu Orten — nah und weit.

   Ja, jeder ist willkommen —
   durch Tanzen und Gesang
   bereichern wir das Leben
   mit frischem, hellen Klang.

Text und Melodie:
Albrecht v. Blanckenburg
(1997)

8

Der Tageskreis

Der Tag beginnt

Wachet auf

Wa - chet auf, wa - chet auf, es krä - het der Hahn,

die Son - ne be - tritt ih - re gol - de - ne Bahn.

Melodie: Johann Jakob Wachsmann (1791-1853)
Kanon zu zwei Stimmen

Bruder Jakob

Bru - der Ja - kob, Bru - der Ja - kob! Schläfst du noch? Schläfst du noch?

hörst du nicht die Glok - ken? Hörst du nicht die Glok - ken?

Ding ding, dong! Ding, ding dong!

franz.	Frère Jaques, Frère Jaques, dormez vous, dormez vous, sonne' le matine, sonne' le matine, Ding, ding, dong.
engl.	Are you sleeping? Are you sleeping? brother Jack, brother Jack, morning bells are ringing, Ding, ding, dong.
span.	Montanero, Montanero, sale el sol, sale el sol, suenan las campanas, suenan las campanas, Ding, ding, dong.
dän.	Broeder Jakob, broeder Jakob, slapt genoch? Slapt genoch? Alle Klokken luiden, alle klokken luiden, Ding, ding, dong.
plattdt.	Brauder Jakob, Brauder Jakob, slepst de noch, slepst de noch, heuerst de nich de Glocken? heuerst de nich de Glocken?

französischer Kanon zu vier Stimmen

10

Die güldne Sonne voll Freud und Wonne

1. Die gül- dne Son - ne voll Freud und Won - ne bringt un - sern
Gren - zen mit ih - rem Glän-zen ein herz - er - quik - ken - des,

2. Mein Auge schauet, / was Gott gebauet
zu seinen Ehren / und uns zu lehren,
wie sein Vermögen sei mächtig und groß;
und wo die Frommen / dann sollen hinkommen,
wann sie mit Frieden / von hinnen geschieden
aus dieser Erden vergänglichem Schoß.

3. Lasset uns singen, / dem Schöpfer bringen
Güter und Gaben; / was wir nur haben,
alles sei Gott zum Opfer gesetzt!
Die besten Güter / sind unsre Gemüter;
dankbare Lieder / sind Weihrauch und Widder,
an welchen er sich am meisten ergötzt.

Text: Paul Gerhardt (1666)
Melodie: Joh. Georg Ebeling (1666)

11

Die güldne Sonne

1. Die gül- dne Son - ne voll Freud und Won - ne bringt un - sern Gren -zen mit ih - rem Glän-zen ein herz - er - quik - ken - des, lieb -lich - es Licht. Mein Haupt und Glie- der, die la -gen da - nie - der; a- ber nun steh ich, bin mun- ter und fröh- lich, schau -e den Him - mel mit mei - nem Ge- sicht.

2. Nun sollen wir loben / den Höchsten dort oben, / dass er uns die Nacht hat wollen behüten / vor Schrecken und Wüten / der höllischen Macht.

3. Kommt, lasset uns singen, / die Stimmen erschwingen / zu danken dem Herrn. / Ei bittet und flehet, / dass er uns beistehet / und weiche nicht fern.

4. Es sei ihm gegeben, / mein Leben und Streben, / mein Gehen und Stehn. Er gebe mir Gaben / zu meinem Vorhaben, / lass richtig mich gehn.

5. In meinem Studieren / wird er wohl mich führen / und bleiben bei mir, wird schärfen die Sinnen / zu meinem Beginnen / und öffnen die Tür.

Text: Philipp von Zesen (1641)
Melodie: Georg Ahle (1671)

12

Steht auf, ihr lieben Kinderlein!

1. Steht auf, ihr lie-ben Kin-der-lein! Der Mor-gen-stern mit hel-lem Schein läßt frei sich se-hen als ein Held und leuch-tet durch die gan - ze Welt.

2. Sei uns willkommen, schöner Stern,
du bringst uns Christum, unsern Herrn,
der unser lieber Heiland ist,
darum du hoch zu loben bist.

3. Ihr Kinder sollt bei diesem Stern
erkennen Christus unsern Herrn,
Marien Sohn, den treuen Hort,
der uns leuchtet mit seinem Wort.

4. Gotts Wort, du bist der Morgenstern,
wir können dein gar nicht entbehrn,
du musst uns leuchten immerdar,
sonst sitzen wir im Finstern gar.

5. Sei uns willkommen, lieber Tag!
Vor dir die Nacht nicht bleiben mag.
Leucht uns in unsere Herzen fein
mit deinem himmlischen Schein.

Text: Erasmus Alber (1556)
Melodie: Nikolaus Hermann (1560)

13

Wir danken

Danket, danket dem Herrn

Kanon zu 4 Stimmen

Dan - ket, dan - ket _ dem _ Herrn, denn er ist sehr freund - lich,

sei - ne Güt und Wahr - heit wäh - ret _ e - wig - lich.

Volksweise zu „Psalm 106"

Alle gute Gabe

Al - le gu - te Ga - be kommt her von Gott dem Herrn. Drum

dankt ihm, dankt, drum dankt ihm, dankt und hofft _____ auf ihn!

Worte: Matthias Claudius (1740-1815)

14

Lasst uns miteinander

Kanon zu 4 Stimmen

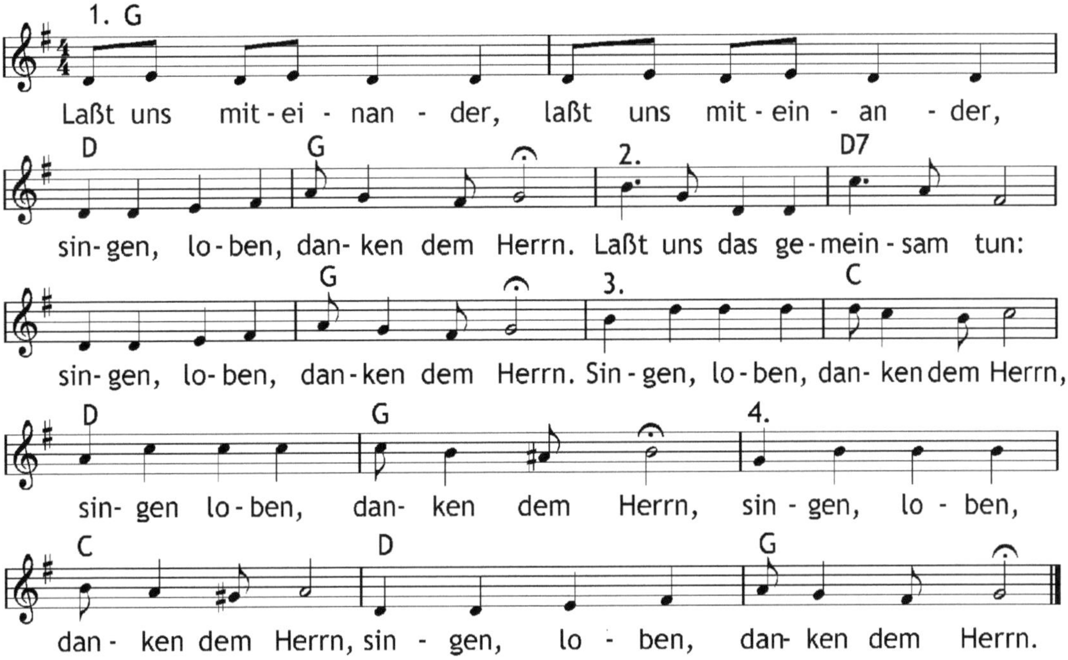
1. G
Laßt uns mit - ei - nan - der, laßt uns mit - ein - an - der,
D G 2. D7
sin- gen, lo - ben, dan- ken dem Herrn. Laßt uns das ge - mein - sam tun:
G 3. C
sin- gen, lo- ben, dan - ken dem Herrn. Sin - gen, lo - ben, dan- ken dem Herrn,
D G 4.
sin- gen lo - ben, dan- ken dem Herrn, sin - gen, lo - ben,
C D G
dan - ken dem Herrn, sin - gen, lo - ben, dan- ken dem Herrn.

mündlich überliefert

Lobet und preiset

Kanon zu 3 Stimmen

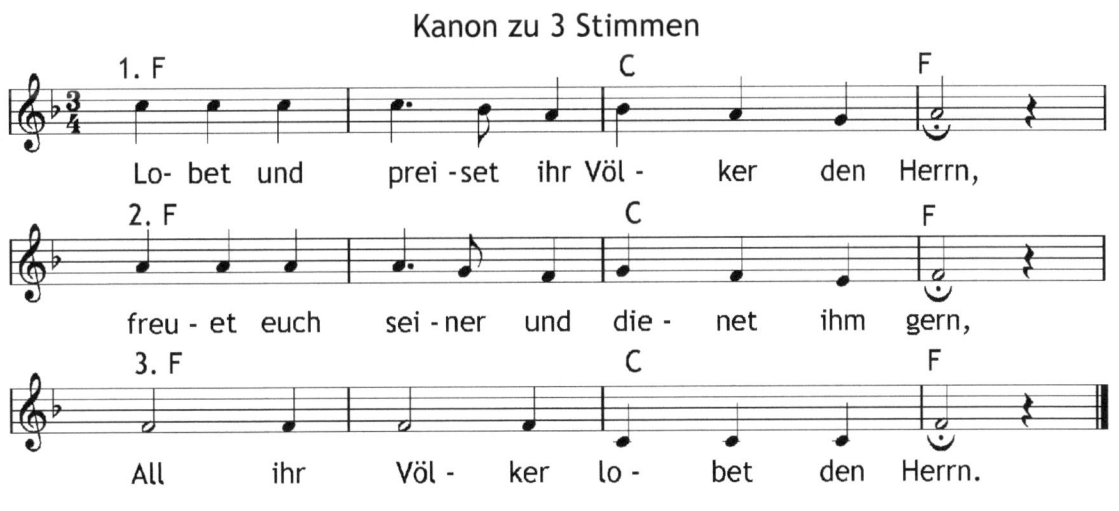

1. F C F
Lo- bet und prei - set ihr Völ - ker den Herrn,
2. F C F
freu - et euch sei - ner und die - net ihm gern,
3. F C F
All ihr Völ - ker lo - bet den Herrn.

mündlich überliefert

Abendlieder

Ade zur guten Nacht

1. A-de zur gu-ten Nacht! Jetzt wird der Schluß ge-macht, daß ich muß schei-den. Im Som-mer, da wächst der Klee, im Win-ter, da schneit's den Schnee, da komm ich wie-der.

2. Es trauern Berg und Tal, wo ich vieltausendmal
bin drüber gegangen;
das hat deine Schönheit gemacht, / die hat mich zum Lieben gebracht
mit großem Verlangen.

3. Das Brünnlein rinnt und rauscht / wohl unterm Holderstrauch,
wo wir gesessen.
Wie manchen Glockenschlag, / da Herz bei Herzen lag,
das hast du vergessen.

4. Die Mädchen in der Welt / sind falscher als das Geld
mit ihrem Lieben.
Ade zur guten Nacht! Jetzt wird der Schluss gemacht,
dass ich muss scheiden.

Volksweise aus Sachsen (1848)

16

Am Brunnen vor dem Tore

1. Am Brun-nen vor dem To-re, da steht ein Lin-den-baum. Ich träumt in sei-nem Schat-ten so man-chen sü--ßen Traum. Ich schnitt in sei-ne Rin-de so man-ches lie-be Wort. Es zog in Freud und Lei-de, zu ihm __ mich im-mer fort, zu ihm __ mich im-mer fort.

2. Ich musst' auch heute wandern vorbei in tiefer Nacht,
   da hab ich noch im Dunkeln die Augen zugemacht.
   Und seine Zweige rauschten, als riefen sie mir zu:
   Komm her zu mir Geselle, hier find'st du deine Ruh;
   hier find'st du deine Ruh.

3. Die kalten Winde bliesen mir grad in's Angesicht,
   der Hut flog mir vom Kopfe, ich wendete mich nicht.
   Nun bin ich manche Stunde entfernt von jenem Ort,
   und immer hört ich's rauschen: Du fändest Ruhe dort;
   du fändest Ruhe dort.

Text: Wilhelm Müller (1822)
Melodie: Franz Schubert (1827)

17

Der Mond ist aufgegangen

1. Der Mond ist auf- ge - gan- gen, die gold- nen Stern-lein pran- gen am
Him - mel hell und klar, der Wald steht still und schwei- get, und
aus den Wie - sen stei - get der wei - ße Ne - bel wun-der- bar.

2. Wie ist die Welt so stille und in der Dämm'rung Hülle
so traulich und so hold!
Als eine stille Kammer, wo ihr des Tages Jammer
verschlafen und vergessen sollt.

3. Seht ihr den Mond dort stehen? Er ist nur halb zu sehen
und ist doch rund und schön.
So sind wohl manche Sachen, die wir getrost belachen,
weil uns're Augen sie nicht sehen.

4. Gott, lass dein Heil uns schauen, auf nichts Vergänglich's trauen,
nicht Eitelkeit uns freu'n;
lass uns einfältig werden und vor dir hier auf Erden
wie Kinder fromm und fröhlich sein.

5. So legt euch denn ihr Brüder in Gottes Namen nieder;
kalt ist der Abendhauch.
Verschon uns, Gott, mit Strafen und lass uns ruhig schlafen
und unser'n kranken Nachbarn auch.

Melodie: Johann Schulz (1747-1800)
Text: Matthias Claudius (1740-1815)

Die Blümelein, sie schlafen

1. Die Blü-me-lein, sie schla-fen schon längst im Mon-den-schein,
sie nik-ken mit den Köpf-chen auf ih-ren Sten-ge-lein.
Es rüt-telt sich der Blü-ten-baum, er säu-selt wie im Traum:
Schla-fe, schla-fe, — schlaf du, mein Kin-de-lein!

2. Die Vögelein, sie sangen so süß im Sonnenschein;
sie sind zur Ruh gegangen in ihre Nestchen klein.
Das Heimchen in dem Ährengrund, es tut allein sich kund.
Schlafe, schlafe, schlaf du, mein Kindelein.

3. Sandmännchen kommt geschlichen und guckt durchs Fensterlein,
ob irgend noch ein Liebchen nicht mag zu Bette sein.
Und wo er nur ein Kindchen fand, streut er ihm in die Augen Sand
Schlafe, schlafe, schlaf du, mein Kindelein.

4. Sandmännchen aus dem Zimmer, es schläft mein Herzchen fein,
es ist gar fest verschlossen schon sein Guckäugelein.
Es leuchtet morgen mir Willkomm das Äugelein so fromm!
Schlafe, schlafe, schlaf du, mein Kindelein.

Text: Wilhelm von Zuccalmaglio (1803-1869)
Musik: unbekannt

19

Guten Abend, gute Nacht

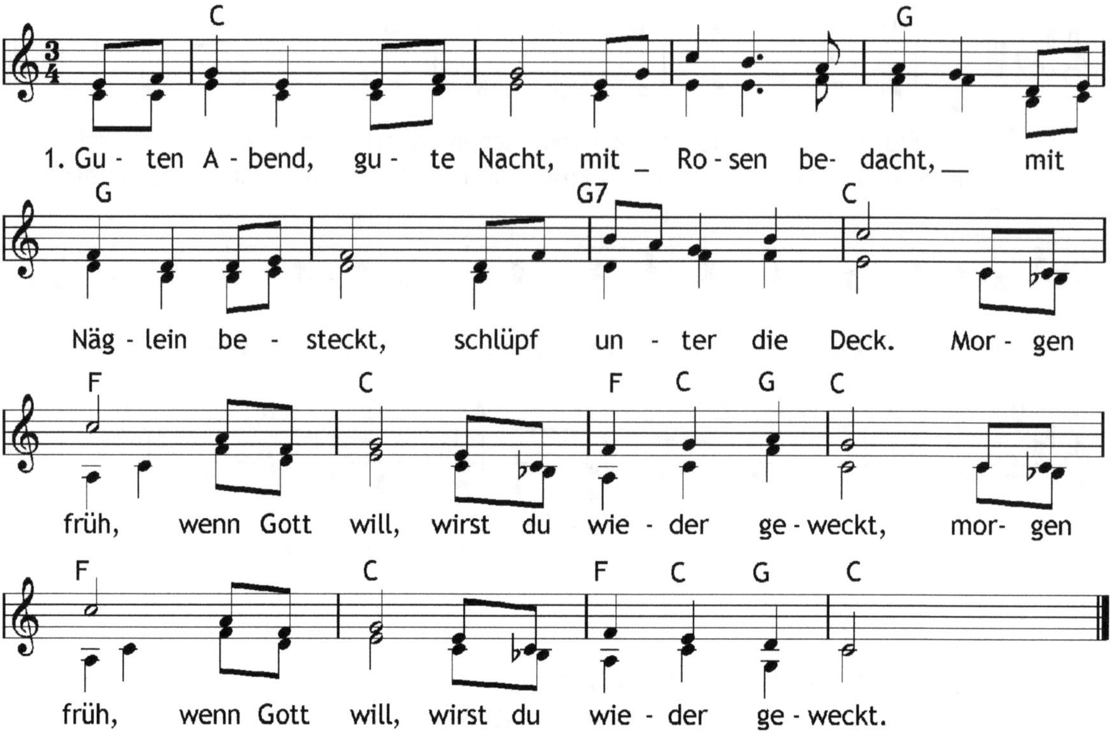
C G
1. Gu - ten A - bend, gu - te Nacht, mit _ Ro - sen be- dacht, _ mit
G G7 C
Näg - lein be - steckt, schlüpf un - ter die Deck. Mor - gen
F C F C G C
früh, wenn Gott will, wirst du wie - der ge - weckt, mor- gen
F C F C G C
früh, wenn Gott will, wirst du wie - der ge - weckt.

2. Guten Abend, gute Nacht, von Englein bewacht,
die zeigen im Traum dir Christkindleins Baum.
Schlaf nun selig und süß, schau im Traum 's Paradies!

Text: erste Strophe aus: Des Knaben Wunderhorn
zweite Strophe: Georg Scherer
Melodie: Johannes Brahms (1886)

Guten Abend, guten Abend

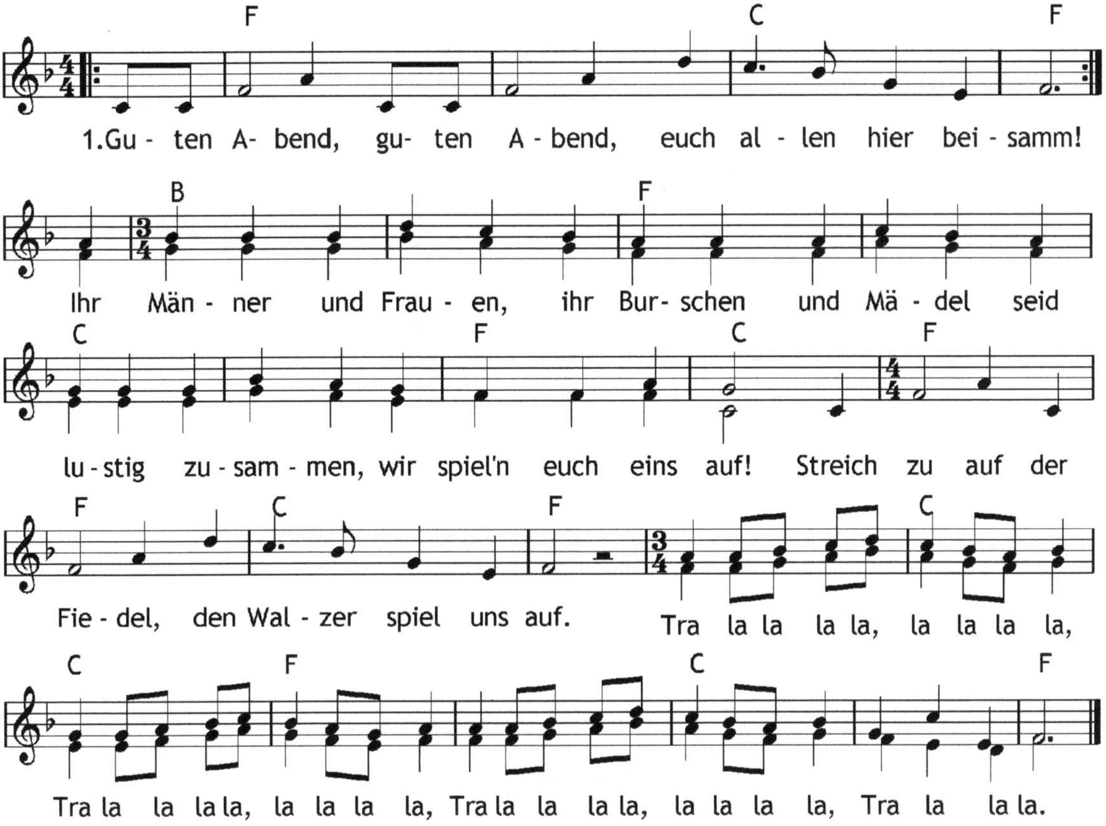
F C F
1.Gu - ten A- bend, gu- ten A - bend, euch al - len hier bei - samm!
B F
Ihr Män - ner und Frau - en, ihr Bur- schen und Mä - del seid
C F C F
lu - stig zu - sam - men, wir spiel'n euch eins auf! Streich zu auf der
F C F C
Fie - del, den Wal - zer spiel uns auf. Tra la la la la, la la la la,
C F C F
Tra la la la la, la la la la, Tra la la la la, la la la la, Tra la la la.

2. I: Was war das, was war das, was du uns jetzt gespielt? :I
   Wie kann man bei Lärmen und Toben und Schreien,
   den Walzer hier spielen zum fröhlichen Reihen?
   Streich zu ...

3. I: Ei Steffen, ei Steffen, die Polka kann ich nicht :I
   da sitz ich viel lieber und tu mir vertellen
   mit mein'n lieben Schwestern 'n paar olle Kamellen,
   Streich zu ...

Tanzlied aus Jütland
Übersetzung ins Hochdeutsche: H. Reimann (1893)

Guter Mond, du gehst so stille

1. Gu - ter Mond, du gehst so stil- le durch die A- bend - wol- ken hin,
dei - nes Schö- pfers wei - ser Wil- le läßt auf die - ser Bahn dich ziehn.

Fol- ge freund - lich je - dem Mü - den in das stil - le Käm - mer- lein,

und dein Schim- mer gie- ße Frie- den in das mü- de Herz hin - ein.

2. Guter Mond, dir darf ich's klagen, was mein banges Herze kränkt,
und an wen mit bitter'n Klagen die betrübte Seele denkt!
Guter Mond, du sollst es wissen, weil du so verschwiegen bist,
warum meine Tränen fließen, und mein Herz so traurig ist.

3. Dort in jenem kleinen Tale, wo die dunkeln Bäume stehn,
nah' bei jenem Wasserfalle wirst du eine Hütte sehn!
Geh' durch Wälder, Bach und Wiesen. Blicke sanft durch's Fenster hin,
so erblickest du Elisen, aller Mädchen Königin.

4. Nicht in Gold und nicht in Seide wirst du dieses Mädchen sehn;
nur im schlichten, netten Kleide pflegt mein Mädchen stets zu gehn.
Nicht vom Adel, nicht vom Stande, was man sonst so hoch verehrt,
nicht von einem Ordensbande hat mein Mädchen seinen Wert.

5. Nur ihr reizend gutes Herze macht sie liebenswert bei mir;
gut im Ernste, froh im Scherze, jeder Zug ist gut an ihr.
Ausdrucksvoll sind die Gebärden, froh und heiter ist ihr Blick;
kurz, von ihr geliebt zu werden, scheinet mir das größte Glück.

22

6. Mond, du Freund der reinen Triebe, schleich' dich in ihr Kämmerlein;
   sage ihr, dass ich sie liebe, dass sie einzig und allein
   mein Vergnügen, meine Freude, meine Lust, mein alles ist,
   dass ich gerne mit ihr leide, wenn ihr Aug' in Tränen fließt.

7. Dass ich aber schon gebunden, und nur, leider! zu geschwind
   meine süßen Freiheitsstunden schon für mich verschwunden sind;
   und dass ich nicht ohne Sünde lieben könne in der Welt.
   Lauf' und sag's dem guten Kinde, ob ihr diese Lieb' gefällt.

Volkslied 18. Jahrhundert

23

Kein schöner Land

1. Kein schö- ner Land in die-ser Zeit, als hier das uns'-re weit und breit, wo wir uns fin - den wohl un - ter Lin - den zur A - bend - zeit, wo wir uns fin - den wohl un - ter Lin - den zur A - bend - zeit.

2. Da haben wir so manche Stund'
gesessen wohl in froher Rund',
I: und taten singen, die Lieder klingen im Eichengrund. :I

3. Dass wir uns hier in diesem Tal
noch treffen soviel hundertmal:
I: Gott mag es schenken, Gott mag es lenken, er hat die Gnad'. :I

4. Nun, Brüder, eine gute Nacht,
der Herr im hohen Himmel wacht.
I: In seinen Güten uns zu behüten, ist er bedacht. :I

Wilhelm Florentin von Zuccalmaglio
aus den „Deutschen Volksliedern" (1840)

24

Mein kleiner Sonnenschein

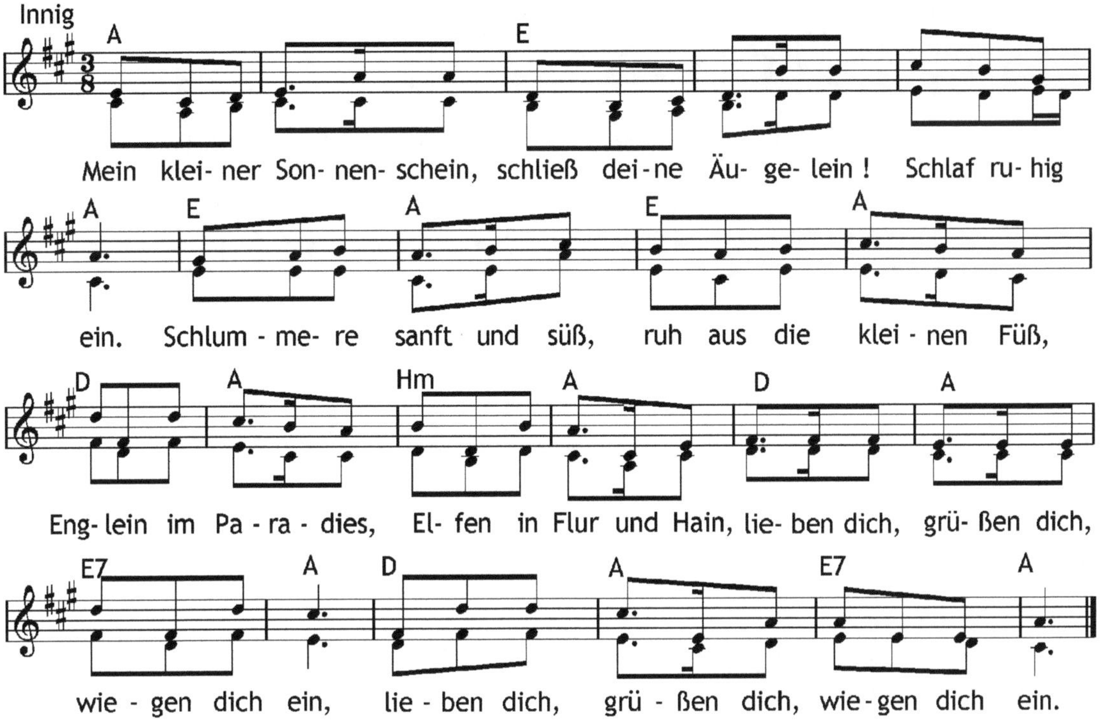
Innig
A E
Mein klei- ner Son- nen- schein, schließ dei - ne Äu- ge- lein ! Schlaf ru- hig
A E A E A
ein. Schlum - me- re sanft und süß, ruh aus die klei - nen Füß,
D A Hm A D A
Eng- lein im Pa - ra - dies, El- fen in Flur und Hain, lie- ben dich, grü- ßen dich,
E7 A D A E7 A
wie - gen dich ein, lie - ben dich, grü - ßen dich, wie-gen dich ein.

2. Draußen ist dunkle Nacht, / Wind weh ganz leis und sacht
und du erwachst!
Stürme nicht gar so schwer, / ums Häuschen hin und her,
ich bitt dich drum so sehr. / Störst sonst mein Kind so klein!
I: Hör auf mich, bitt ich dich. Es schläft so fein. :I

3. Morgen wirds wieder hell, / Hündchen macht schon Gebell,
„Papa komm schnell!"
Es ist schon aufgewacht, / sieh wie es glücklich lacht,
Ei - a bei Mama macht. / Himmlischer Sonnenschein,
I: Grüße dich, küsse dich, mein Kindelein. :I

Text und Melodie: Paul Stichnote (1882-1960), Im Felde, 01.11.1917
Bearbeitung: A. v. Blanckenburg

Nun ruhen alle Wälder

1. Nun ru-hen al-le Wäl-der, Vieh, Men-schen, Städt und Fel-der, es schläft die gan-ze Welt; ihr a-ber, mei-ne Sin-nen, auf, auf, ihr sollt be-gin-nen, was eu-rem Schöp-fer wohl ge-fällt.

2. Der Tag ist nun vergangen, / die güldnen Sternlein prangen
am blauen Himmelssaal;
also werd ich auch stehen, / wann mich wird heißen gehen
mein Gott aus diesem Jammertal.

3. Auch euch, ihr meine Lieben, / soll heute nicht betrüben,
kein Unfall noch Gefahr.
Gott lass euch selig schlafen / stell euch die güldnen Waffen
ums Bett und Seiner Engel Schar.

Text: Paul Gerhardt (1607)
Melodie: Heinrich Isaac (um 1490)

26

Stehn zwei Stern

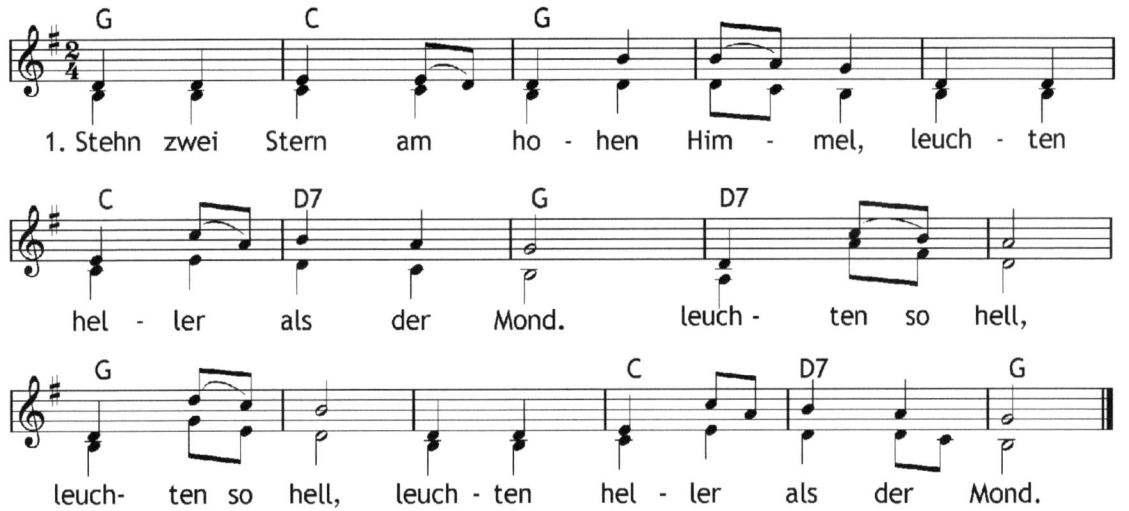

1. Stehn zwei Stern am ho - hen Him - mel, leuch - ten hel - ler als der Mond. leuch - ten so hell, leuch- ten so hell, leuch - ten hel - ler als der Mond.

2. Ach, was wird mein Schätzchen denken,
   Weil ich bin so weit von ihr,
   Weil ich bin, weil ich bin,
   Weil ich bin so weit von ihr.

3. Gerne wollt ich zu ihr gehen,
   wenn der Weg so weit nicht wär,
   wenn der Weg, wenn der Weg
   wenn der Weg so weit nicht wär,

4. Gerne wollt ich ihr was schenken,
   wenn ich wüßt, was recht sollt sein;
   |: wenn ich wüsst, wenn ich wüsst,
   wenn ich wüsst, was recht sollt sein.:|

5. Gold und Silber, Edelsteine,
   schönster Schatz, gelt du bist mein.
   Ich bin dein, du bist mein,
   ach, was kann denn schöner sein!

(aus dem Westerwald)

27

Weißt du wie viel Sternlein stehen

1. Weißt du, wie-viel Stern- lein ste - hen an dem blau- en Him- mels- zelt?
Weißt du, wie-viel Wol - ken ge - hen weit- hin ü - ber al - le Welt.
Gott, der Herr, hat sie ge-zäh- let, daß ihm auch nicht ei - nes
feh - let an der gan- zen, gro- ßen Zahl, an der gan - zen, gro-ßen Zahl.

2. Weißt du, wie viel Mücklein spielen
   in der hellen Sonnenglut,
   wie viel Fischlein auch sich kühlen
   in der hellen Wasserflut?
   Gott der Herr rief sie mit Namen,
   dass sie all ins Leben kamen,
   dass sie nun so fröhlich sind.

3. Weißt du, wie viel Kindlein frühe
   stehn aus ihren Bettlein auf;
   dass sie ohne Sorg und Mühe
   fröhlich gehn des Tages Lauf?
   Gott im Himmel hat an allen
   seine Lust, sein Wohlgefallen,
   kennt auch dich und hat dich lieb.

Text: Wilhelm Hey (1837)
Melodie: Volksweise

28

Wer hat die schönsten Schäfchen

1. Wer hat die schön-sten Schäf-chen, die __ hat der gold-'ne Mond. Der hin-ter je-nen Bäu-men am Him-mel dro-ben wohnt.

2. Er kommt am späten Abend,
   wenn alles schlafen will.
   Hervor aus seinem Hause
   zum Himmel leis' und still.

3. Dann weidet er die Schäfchen
   auf seiner blauen Flur,
   denn all' die weißen Sterne
   sind seine Schäfchen nur.

4. Sie tun uns nichts zu Leide,
   hat eins das and're gern.
   Und Schwestern sind und Brüder
   da droben Stern an Stern.

5. Und soll ich dir ein's bringen,
   so darfst du niemals schrei'n.
   Musst freundlich wie die Schäfchen
   und wie ihr Schäfer sein.

Melodie: Johann Friedrich Reichardt
Text: Hoffmann von Fallersleben

O wie wohl ist mir am Abend

Kanon zu drei Stimmen

1. O wie wohl ist mir am A - bend, mir am A - bend,
2. wenn zur Ruh die Glok - ken läu - ten, Glok - ken läu - ten:
3. Bim, Bam, Bim, Bam.

Text und Melodie: Christian J. Schulz (1773-1827)

30

Der Jahreskreis

Die vier Jahreszeiten

Es war eine Mutter

Es war ei - ne Mut - ter, die hat - te vier Kin - der:
den Früh - ling, den Som - mer, den Herbst und den Win- ter.

2. Der Frühling bringt Blumen, der Sommer den Klee,
   der Herbst bringt die Trauben, der Winter den Schnee.

3. Und wie sie sich schwingen im Jahresreih'n,
   so tanzen und singen wir fröhlich darein.

4. Das Klatschen, das Klatschen, das muss man versteh'n,
   da muss man sich dreimal im Kreise umdreh'n.

Volksweise aus Baden

Es war ei - ne Mut - ter, die hat - te vier Kin - der:
den Früh - ling, den Som - mer, den Herbst und den Win- ter.

Der Frühling

Es tönen die Lieder

Kanon zu drei Stimmen

1. Es tö - nen die Lie - der, der Früh - ling kehrt wie - der,

2. es spie - let der Hir - te auf sei - ner Schal - mei:

3. Tra la la la la la la la la, Tra la la la la la la la.

Volksweise (19. Jh.)

Kuckuck, Kuckuck ruft's aus dem Wald

1. Kuk - kuck, Kuk - kuck, ruft's aus dem Wald: Las - set uns sin - gen,

tan - zen und sprin - gen, Früh - ling, Früh - ling wird es nun bald.

2. Kuckuck, Kuckuck, lässt nicht sein Schrei'n
   Komm in die Felder, Wiesen und Felder,
   Frühling, Frühling, stelle dich ein.

3. Kuckuck, Kuckuck, trefflicher Held!
   Was du gesungen, ist dir gelungen; / Winter, Winter räumet das Feld.

Text: Hoffmann von Fallersleben (1798-1874)
Melodie: Volkslied aus Österreich

Der Kuckuck und der Esel

1. Der Kuk - kuck und der E - sel, die hat - ten ei - nen Streit Wer wohl am be - sten sän - ge, wer wohl am be - sten sän - ge, zur schö - nen Mai - en - zeit, ___ zur schö - nen Mai - en - zeit.

2. Der Kuckuck sprach: „Das kann ich",
   und fing gleich an zu schrein.
   „Ich aber kann es besser, ich aber kann es besser"
   fiel gleich der Esel ein.

3. Das klang so schön und lieblich,
   so schön von fern und nah,
   sie sangen alle beide, sie sangen alle beide:
   „Kuckuck, Kuckuck, I–a".

Text: Hoffmann von Fallersleben (1835)
Melodie: Karl Friedrich Zelter (1810)

Alle Vögel sind schon da

Voice 1: Al - le Vö - gel sind schon da, al - le Vö - gel al - le. Welch ein Sin - gen, Mu - si - ziern, Pfei - fen, Zwitsch - ern, Ti - ri - liern, Früh - ling will nun ein - mar - schiern, kommt mit Sang und Schal - le.

Voice 2: Al - le Vö-gel sind schon da, al - le Vö - gel al - le. Welch ein Sin - gen Mu - si - ziern, Pfeif - fen Zwisch - ern Ti - ri - liern. Früh - ling will nun ein - mar - schiern, kommt mit Sang und Schal - le.

2. Wie sie alle lustig sind,
   flink und froh sich regen!
   Amsel, Drossel, Fink und Star
   und die ganze Vogelschar
   wünschen dir ein frohes Jahr,
   lauter Heil und Segen.

3. Was sie uns verkünden nun,
   nehmen wir zu Herzen:
   alle woll'n wir lustig sein,
   lustig wie die Vögelein,
   hier und dort, feldaus, feldein
   singen, springen, scherzen.

Text:
Hoffmann von Fallersleben (1847)
Melodie: mündlich überliefert
aus Schlesien

35

Der Mai ist gekommen

1. Der __ Mai ist ge-kom-men, die Bäu-me schla-gen aus.
Da __ blei-be, wer Lust hat, mit Sor - gen zu Haus.
Wie die Wol-ken dort wan-dern am himm-li-schen Zelt, so
steht auch mir der Sinn in die wei-te, wei-te Welt.

2. Herr Vater, Frau Mutter, dass Gott euch behüt'!
Wer weiß, wo in der Ferne mein Glück mir noch blüht;
es gibt so manche Straße, da nimmer ich marschiert;
es gibt so manchen Wein, den nimmer ich probiert.

3. Frisch auf drum, frisch auf drum im hellen Sonnenstrahl,
wohl über die Berge, wohl durch das tiefe Tal!
Die Quellen erklingen, die Bäume rauschen all;
mein Herz ist wie 'ne Lerche und stimmet ein mit Schall.

4. Und abends im Städtchen, da kehr ich durstig ein:
Herr Wirt, mein Herr Wirt, eine Kanne blanken Wein!
Ergreife die Fiedel, du lustiger Spielmann du,
von meinem Schatz das Liedel, das singe ich dazu.

5. Und find ich keine Herberg, so lieg ich zu Nacht
wohl unterm blauen Himmel, die Sterne halten Wacht.
Im Winde die Linde, die rauscht mich ein gemach,
es küsset in der Frühe das Morgenrot mich wach.

6. O Wandern, o Wandern, du freie Burschenlust!
Da wehet Gottes Odem so frisch in der Brust;
da singet und jauchzet das Herz zum Himmelszelt:
Wie bist du doch so schön, o du weite, weite Welt.

Text: Emanuel Geibel (1834)
Melodie: Justus W. Lyra (1842)

Der Winter ist vergangen

1. Der Winter ist vergangen, ich seh des Maien Schein,
ich seh die Blümlein prangen, des ist mein Herz erfreut.
So fern in jenem Tale, da ist gar lustig sein,
da singt Frau Nachtigalle, und manch Waldvögelein.

2. Ich geh ein Mai zu hauen, hin durch das grüne Gras,
schenk meinem Buhl die Treue, die mir die Liebste was.
Und bitt, dass sie mag kommen, all vor dem Fenster stahn,
empfang'n den Mai mit Blumen, er ist gar wohlgetan.

3. Er nahm sie sonder Trauern in seine Arme blank,
der Wächter auf den Mauern hub an sein Lied und sang:
Ist jemand noch darinnen, der mag jetzt heimwärts gan.
Ich seh den Tag her dringen schon durch die Wolken klar.

4. Ade, mein Allerliebste, ade schöns Blümlein fein.
Ade, schön Rosenblume, es muss geschieden sein,
bis dass ich wiederkomme, sollst du die Liebste sein.
Das Herz in meinem Leibe, das ist ja allzeit dein.

Text: nach einer niederländischen Handschrift (1537)
Melodie: nach dem Lautenbuch des Joh. F. Thysius (um 1600)

Frühling, komm doch schnell

Der Schnee schmilzt weg, das Bäch-lein rauscht, die Ta-ge wer-den län-ger, die Blu-men knos-pen ü-ber-all, der Fink pfeift wie ein Sän-ger. Ha, Hi, Ho! Früh-ling_, Früh-ling, komm doch schnell, Ha, Hi, Ho! und mach die Ta-ge hell.

2. Die Bäume fangen an zu blühn,
   in weiß und rosa Farben,
   der Ochse zieht den schweren Pflug,
   für spät're reiche Gaben.
   Ha, Hi, Ho, Frühling,
   Frühling komm doch schnell
   Ha, Hi, Ho und mach die Tage hell.

3. Noch wechselt's Wetter jeden Tag,
   mal ist es kalt, mal neblig;
   doch langsam wird es schöner schon,
   der Winter kämpft vergeblich.
   Ha, Hi, Ho, Frühling,
   Frühling komm doch schnell
   Ha, Hi, Ho und mach die Tage hell.

Text und Melodie: Albrecht v. Blanckenburg (1995)
gemeinsam mit Senioren aus dem Eilenriedestift Hannover

38

Grüß Gott, du schöner Maien

1. Grüß Gott, du schö - ner Mai - - en, da bist du wie- drum hier.
Tust jung und alt er - freu - en, mit dei - ner Blu - men Zier!

Die lie - ben Vög - lein al - le, sie sin - gen all so hell,

Frau Nach - ti - gall mit Schal - - le hat die für - nehm - ste Stell.

2. Die kalten Wind verstummen, der Himmel ist gar blau;
   die lieben Bienlein summen daher auf grüner Au!
   Oh holde Lust am Maien, da alles neu erblüht,
   du kannst mir sehr erfreuen mein Herz und mein Gemüt.

Text: um 1800 / Melodie: Volksweise aus dem 16. Jh.

Im Märzen der Bauer

1. Im Mär - zen der Bau - er die Röß - lein an - spannt ;
er hält sei - ne Fel - der und Wie - sen in - stand.

Er pflü - get den Bo - den, er eg - get und sät

und rührt sei - ne Hän - de früh - mor - gens und spät.

2. Den Rechen, den Spaten, den nimmt er zur Hand
und ebnet die Äcker und Wiesen im Land.
Auch pfropft er die Bäume mit edlerem Reis
und spart weder Arbeit noch Mühe und Fleiß.

3. Die Bäurin, die Mägde, sie dürfen nicht ruh'n:
sie haben im Haus und im Garten zu tun;
sie graben und rechen und singen ein Lied,
sie freu'n sich, wenn alles schön grünet und blüht.

4. So geht unter Arbeit das Frühjahr vorbei;
da erntet der Bauer das duftende Heu;
er mäht das Getreide, dann drischt er es aus:
im Winter da gibt es manch fröhlichen Schmaus.

Text und Melodie: Volkslied aus Mähren
Fassung: 1., 3. und 4. Strophe: Walter Hensel
© Bärenreiter Verlag, Kassel und Basel

Jetzt fängt das schöne Frühjahr an

(3/4, 2/4 Takt)

1. Jetzt fängt das schö-ne Früh-jahr an, und al-les fängt zu blü-hen an auf grü-ner Heid _____ und ü-ber-all.

2. Es blüh'n die Blumen auf dem Feld, / sie blühen weiß, rot, blau und gelb, so wie es meinem Schatz gefällt.

3. Jetzt leg ich mich in'n grünen Klee, / da singt das Vöglein in der Höh, weil ich zu meinem Schatze geh.

4. Jetzt geh ich in den grünen Wald, / da such ich meinen Aufenthalt, weil mir mein Schatz nicht mehr gefallt.

5. Jetzt geh ich über Berg und Tal, / da hört man schon die Nachtigall auf grüner Heid und überall.

Volkslied aus dem Rheinland (19. Jh.)

Leise zieht durch mein Gemüt

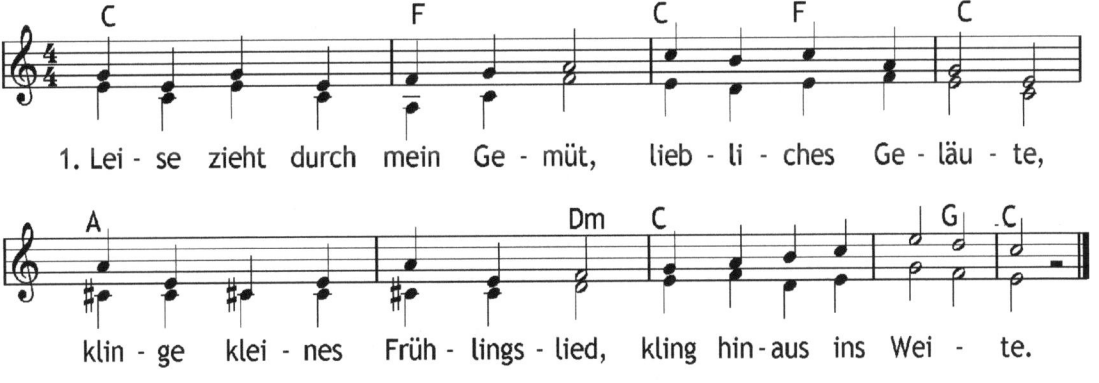

1. Lei-se zieht durch mein Ge-müt, lieb-li-ches Ge-läu-te, klin-ge klei-nes Früh-lings-lied, kling hin-aus ins Wei-te.

2. Sprich zum Vöglein, das da singt / Auf dem Blütenzweige; Sprich zum Bächlein, das da klingt / Dass mir keines schweige!

3. Zieh hinaus bis an das Haus, wo die Veilchen sprießen! Wenn du eine Rose schaust, sag ich lass sie grüßen!

Text: Heinrich Heine (1797-1856)
Melodie: Felix Mendelssohn-Bartholdy (1809-1847)

Nun will der Lenz uns grüßen

1. Nun will der Lenz uns grü - ßen, von Mit - tag weht es lau.
Aus al - len Ek - ken sprie - ßen die Blu - men rot und blau.
Draus wob die brau - ne Hei - de sich ein Ge - wand gar fein und
lädt im Fest - tags - klei - de zum Mai - en - tan - ze ein.

2. Waldvöglein Lieder singen, wie ihr sie nur begehrt,
drum auf zum frohen Springen, die Reis' ist Goldes wert!
Hei, unter grünen Linden, da leuchten weiße Kleid!
Heija, nun hat uns Kindern ein End all Wintersleid.

Text: Neidhardt von Reuental (13. Jh.)
Melodie: altes Reigenlied
2. Stimme: einfaches Begleitostinato für Stabspiele

42

Der Sommer

Geh aus, mein Herz und suche Freud

1. Geh aus, mein Herz, und su - che Freud in die-ser lie - ben Som - mers -zeit an dei - nes Got - tes Ga- ben. Schau an der schö- nen Gär - ten- zier und sie - he, wie sie mir und dir sich aus - ge - schmük- ket ha - ben, sich aus - ge - schmük - ket ha- ben.

2. Die Bäume stehen voller Laub, / das Erdreich decket seinen Staub
mit einem grünen Kleide.
Narcissus und der Tulipan, / die ziehen sich viel schöner an
als Salomonis Seide.

3. Die Lerche schwingt sich in die Luft, /
das Täublein fliegt aus seiner Kluft
und macht sich in die Wälder.
Die hochbegabte Nachtigall / ergötzt und füllt mit ihrem Schall
Berg, Hügel, Tal und Wälder.

4. Ich selber kann und mag nicht ruh'n; / des großen Gottes großes Tun
erweckt mir alle Sinnen;
ich singe mit, wenn alles singt, / und lasse, was dem Höchsten klingt,
aus meinem Herzen rinnen.

Text: Paul Gerhardt (1656)
Melodie: August Harder (1813)

43

Trariro, der Sommer, der ist do

1. Tra - ri - ro, der Som - mer, der ist do! Wir wol-len in den Gar - ten und woll'n des Som-mers war - ten, Jo - jo - jo, der Som - mer, der ist do!

2. Trariro, der Sommer, der ist do!
Wir wollen zu den Hecken
und woll'n den Sommer wecken.
Jo, Jo, Jo, der Sommer, der ist do!

3. Trariro, der Sommer, der ist do!
Der Sommer hat gewonnen,
der Winter hat verloren.
Jo, Jo, Jo, der Sommer, der ist do!

4. Trariro, der Sommer, der ist do!
Der Winter leit gefangen,
den schlagen wir mit Stangen.
Jo, Jo, Jo, der Sommer, der ist do!

5. Trariro, der Sommer, der ist do!
Wir wünschen dem Herrn ein' goldnen Tisch,
auf jeder Eck ein' gebackenen Fisch
und mitten hinein drei Kannen voll Wein,
dass er dabei kann fröhlich sein.
Jo, Jo, Jo, der Sommer, der ist do!

Volksweise aus der Pfalz und dem Odenwald (18. Jh.)

44

Waldeslust

1. Wal - des - lust! Wal - des - lust! O wie ein - sam schlägt die Brust! Ihr lie - ben Vö - ge - lein, stimmt eu - re Lie - der ein und singt aus vol - ler Brust die Wal - des - lust! Brust die Wal - des - lust!

2. Waldeslust! Waldeslust! O wie einsam schlägt die Brust!
   Mein Vater kennt mich nicht, / die Mutter liebt mich nicht,
   und sterben mag ich nicht, / bin noch so jung.

3. Waldeslust! Waldeslust! O wie einsam schlägt die Brust!
   In einer Sommernacht / ist mir die Lieb erwacht;
   mein Schatz ist weit von hier, / was liegt daran.

4. Waldeslust! Waldeslust! O wie einsam schlägt die Brust!
   Kommt einst der Tod herbei, / ist mir das einerlei,
   legt mich zur kühlen Ruh / und singt dazu!

Volkstümliches Lied aus Hessen (1882)

45

Der Herbst

Bunt sind schon die Wälder

1. Bunt sind schon die Wäl - der, gelb die Stop - pel - fel - der und der Her- bst be - ginnt. Bun - te Blät- ter fal - len; grau - e Ne- bel wal - len, küh- ler we- het der Wind.

2. Wie die volle Traube aus dem Rebenlaube purpurfarbig strahlt!
   Am Geländer reifen Pfirsiche mit Streifen rot und weiß bemalt.

3. Flinke Träger springen, und die Mädchen singen, alles jubelt froh!
   Bunte Bänder schweben zwischen hohen Reben auf dem Hut von Stroh.

4. Geige tönt und Flöte bei der Abendröte und im Mondesglanz;
   junge Winzerinnen winken und beginnen frohen Erntetanz.

Melodie: Johann Friedrich Reichardt (1752-1814)
Joh. Gaudenz v. Salis Seewis (1762-1834)

46

Das Laub fällt von den Bäumen

1. Das Laub fällt von den Bäumen, das zarte Sommerlaub. Das Leben mit seinen Träumen zerfällt _ in Asch _ und Staub.

2. Die Vöglein traulich sangen, wie schweigt der Wald jetzt still!
   Die Lieb' ist fortgegangen, kein Vöglein singen will.

3. Die Liebe kehrt wohl wieder im künft'gen lieben Jahr,
   und alles tönt dann wieder, was hier verklungen war.

4. Der Winter sei willkommen, sein Kleid ist rein und neu.
   Den Schmuck hat er genommen, den Keim bewahrt er treu.

Text: Siegfried August Mahlmann (1805)
Melodie: Volksweise (1777)

Hejo, spann den Wagen an

Kanon zu drei Stimmen

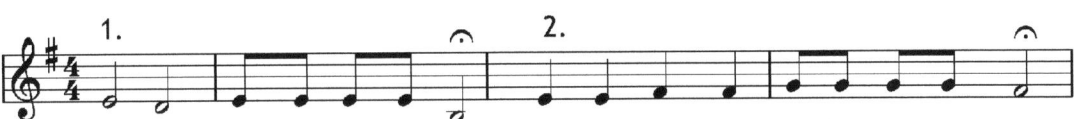

He- Jo spann den Wagen an, denn der Wind treibt Regen übers Land.

Hol die goldnen Garben, hol die goldnen Garben _.

mündlich überliefert

47

Der Winter

O Tannenbaum

O Tannenbaum, o Tannenbaum, wie treu sind deine Blätter! Du grünst nicht nur zur Sommerszeit, nein, auch im Winter, wenn es schneit. O Tannenbaum, o Tannenbaum, wie treu sind deine Blätter!

2. O Tannenbaum, o Tannenbaum,
du kannst mir sehr gefallen!
Wie oft hat schon zur Winterszeit
ein Baum von dir mich hoch erfreut!
O Tannenbaum, o Tannenbaum,
du kannst mir sehr gefallen.

3. O Tannenbaum, o Tannenbaum,
dein Kleid will mich was lehren:
Die Hoffnung und Beständigkeit
gibt Mut und Kraft zu jeder Zeit.
O Tannenbaum, o Tannenbaum,
dein Kleid will mich was lehren.

1. Strophe August Zarnack (1820)
2. und 3. Strophe Ernst Anschütz (1824)

48

Schneeflöckchen, Weißröckchen

1. Schnee- flöck- chen, Weiß- röck- chen, wann kommst du ge - schneit, du kommst aus den Wol - ken, dein Weg ist so weit.

2. Komm, setz dich ans Fenster, du lieblicher Stern,
   malst Blumen und Blätter, wir haben dich gern.

3. Schneeflöckchen, du deckst uns die Blümelein zu;
   dann schlafen sie sicher in himmlischer Ruh.

4. Schneeflöckchen, Weißröckchen, komm zu uns ins Tal;
   dann bau'n wir den Schneemann und werfen den Ball.

Von deutschen Kolonisten aus Russland überliefert

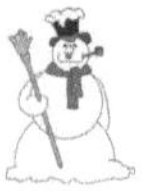

Weihnachtsnacht

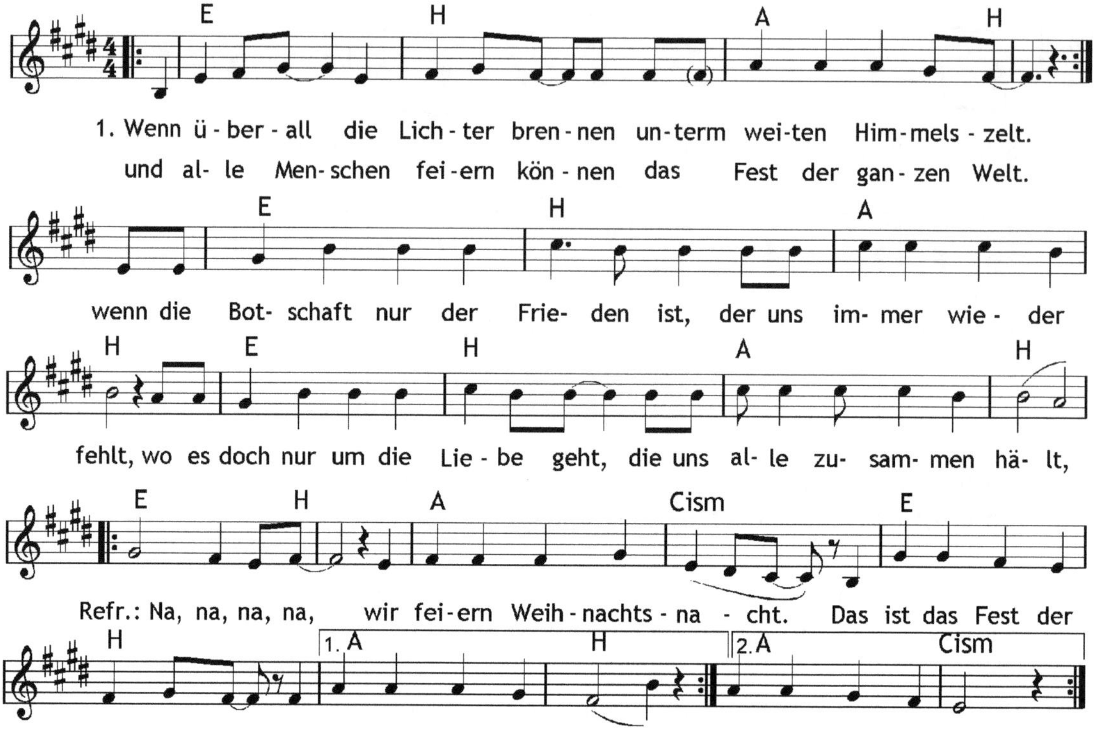
E H A H
1. Wenn ü - ber - all die Lich - ter bren - nen un - term wei - ten Him - mels - zelt.
und al - le Men - schen fei - ern kön - nen das Fest der gan - zen Welt.
E H A
wenn die Bot - schaft nur der Frie - den ist, der uns im - mer wie - der
H E H A H
fehlt, wo es doch nur um die Lie - be geht, die uns al - le zu - sam - men hä - lt,
E H A Cism E
Refr.: Na, na, na, na, wir fei - ern Weih - nachts - na - cht. Das ist das Fest der
H 1. A H 2. A Cism

Tipp: In E singen, Capodaster auf dem 2. Bund

2. Wenn du mir schenkst, was ich gerne mag und ich dir danke sag.
Wenn ich mal an die andern denke, die ich auch noch gerne hab,
Wenn die guten Wünsche an die Menschen gehen,
die arm sind und in Not,
ganz gleich von welchem Stamm sie sind,
ob braun, ob schwarz ob rot.

I: Na, na, na, na, wir feiern Weihnachtsnacht
das ist das Fest der Wiederkehr, das uns das Licht gebracht. :I

3. Nach Bethlehem lasst uns alle geh'n, zu unserm Jesuskind.
Es kam für uns auf diese Welt, dass wir erleuchtet sind.
Es zeigt uns den Weg aus der Dunkelheit,
reicht allen Menschen die Hand.
Es bringt die Liebe und viel Licht,
hier und in jedes Land.

I: Na, na, na, na, wir feiern Weihnachtsnacht
das ist das Fest der Wiederkehr, das uns das Licht gebracht. :I

Melodie: Albrecht v. Blanckenburg (2004)
Text: Albrecht und Moritz v. Blanckenburg (2004)

Der Winter ist ein rechter Mann

Der Win - ter ist ein _ rech - ter Mann, kern - fest und auf die Dau - - er. Sein Fleisch fühlt_ sich wie Ei - sen _ an und scheut nicht süß noch sau - - er.

2. War je ein Mann gesund, ist er's;
   er krankt und kränkelt nimmer,
   weiß nichts von Nachtschweiß noch Vapeurs
   und schläft im kalten Zimmer.

3. Er zieht sein Hemd im Freien an
   und lässt's vorher nicht wärmen
   und spottet über Fluß im Zahn
   und Kolik in Gedärmen.

4. Aus Blumen und aus Vogelsang
   weiß er sich nichts zu machen,
   hasst warmen Drang und warmen Klang
   und alle warmen Sachen.

5. Doch wenn die Füchse bellen sehr,
   wenn's Holz im Ofen knittert,
   und um den Ofen Knecht und Herr
   die Hände reibt und zittert;

6. wenn Stein und Bein vor Frost zerbricht
   und Teich' und Seen krachen;
   das klingt ihm gut, das hasst er nicht,
   dann will er sich tot lachen.

7. Sein Schloss von Eis liegt ganz hinaus
   beim Nordpol an dem Strande;
   doch hat er auch ein Sommerhaus
   im lieben Schweizerlande.

8. So ist' er denn bald dort, bald hier,
   gut Regiment zu führen.
   Und wenn er durchzieht, stehen wir
   und sehn ihn an und frieren.

Melodie: Johann Friedrich Reichardt (1752-1854)
Text: Matthias Claudius (1740-1815)

Glück zu im neuen Jahr

1. Das Al-te ist ver-gan-gen, das Neu-e an-ge-fan-gen, Glück zu, Glück zu _____, im neu-en Jahr.

2. Das alte Jahr muss weichen, das neue einherschleichen,
   Glück zu, Glück zu, zum neuen Jahr.

3. Das alte lass uns schließen, das neue freundlich grüßen,
   Glück zu, Glück zu, zum neuen Jahr.

4. Es bringt dir Heil und Segen, viel Freuden allerwegen,
   Glück zu, Glück zu, zum neuen Jahr.

5. Frischauf zu neuen Taten, helf Gott, es wird geraten,
   Glück zu, Glück zu, zum neuen Jahr.

Neujahrslied aus Westfalen
(Herkunft der Strophen 2 - 5 unbekannt)

54

Hu, da kommt der Winter her

1. Hu, da kommt der Win- ter her, wet-zet sei- ne Zäh- ne,
tobt und brummt und heult gar sehr, streut den Schnee im Land um- her,
wet - zet sei - ne Zäh - ne, wet - zet sei - ne Zäh - ne.

2. Runkelrüben, Wirsingkohl frieren an den Köpfen,
   springen lieber, ei jawohl, dass sich keins den Schnupfen hol,
   heißa in die Töpfe, heißa in die Töpfe.

3. Rote Nasen sieht man viel, öfter blaue Backen,
   wen es draußen nicht gefiel, sucht am Ofen sein Asyl,
   kann dort Nüsse knacken.

Volksweise

55

Winter ade

1. Win - ter a - de! Schei - den tut weh!
A - ber dein Schei - den macht, daß mir mein Her - ze lacht,
Win - ter a - de! Schei - den tut weh.

2. Winter ade! Scheiden tut weh.
   Gerne vergess ich dein,
   kannst immer ferne sein.
   Winter ade! Scheiden tut weh.

3. Winter ade! Scheiden tut weh.
   Gehst du nicht bald nach Haus,
   lacht dich der Kuckuck aus.
   Winter ade! Scheiden tut weh.

Text: Hoffmann von Fallersleben (1835)
Melodie: Volksweise aus Würzburg

Komm lieber Mai und mache

1. Komm, lie-ber Mai und ma-che die Bäu-me wie-der grün, und
laß uns an dem Ba-che die klei-nen Veil - chen blühn! wie
möch-ten wir _ so ger - ne ein Veil - chen wie-der-sehn,___ ach,
lie - ber Mai, wie ger - - ne ein - mal _ spa-zie - ren gehn.

2. Zwar Wintertage haben wohl auch der Freuden viel:
   Man kann im Schnee eins traben und treibt manch' Abendspiel,
   baut Häuserchen von Karten, spielt blinde Kuh und Pfand:
   auch gibt's wohl Schlittenfahrten auf's liebe freie Land.

3. Doch wenn die Vöglein singen und wir dann froh und flink
   auf grünem Rasen springen, das ist ein anderes Ding!
   Jetzt muss mein Steckenpferdchen dort in dem Winkel stehen,
   denn draußen in dem Gärtchen kann man vor Schmutz nicht gehn.

4. Am meisten aber dauert mich Lottchen's Herzeleid:
   Das arme Mädchen lauert recht auf die Blumenzeit;
   umsonst hol ich ihr Spielchen zum Zeitvertreib herbei;
   sie sitzt auf ihrem Stühlchen wie's Hühnchen auf dem Ei.

5. Ach, wenn's doch erst gelinder und grüner draußen wär!
   Komm lieber Mai! Wir Kinder, wir bitten gar zu sehr!
   O komm' und bring' vor allen uns viele Veilchen mit,
   bring' auch viel Nachtigallen und schöne Kuckucks mit.

Text: Ch. A. Overbeck (1751) / Melodie: W. A. Mozart (1791)

Heimat und Wandern

Auf der Lüneburger Heide

1. Auf der Lü - ne - bur - ger Hei - de, in dem wun - der- schö - nen Land,
ging ich auf und ging ich un- ter, al - ler - lei am Weg ich fand.

Val- le - ri, val - le - ra ____ und ju - hei - ras - sa, und juch- hei - ras - sa, be - ster

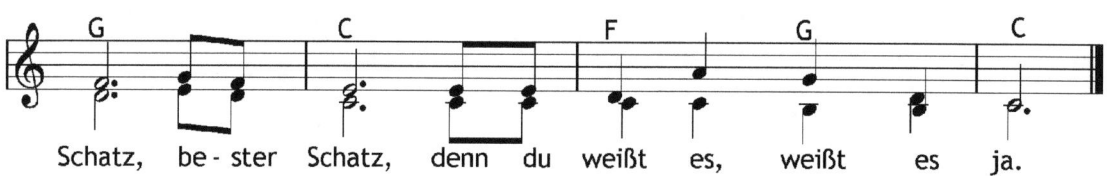

Schatz, be - ster Schatz, denn du weißt es, weißt es ja.

2. Und die Bracken und die bellen, und die Büchse und die knallt,
   rote Hirsche woll'n wir jagen in dem grünen, grünen Wald.
   Valleri, vallera ...

3. Brüder, lasst die Gläser klingen, denn der Muskatellerwein
   wird vom langen Stehen sauer, ausgetrunken muss er sein.
   Valleri, vallera ...

4. Ei du Hübsche, ei du Feine, o du Bild wie Milch und Blut,
   unsre Herzen woll'n wir tauschen, denn du glaubst nicht, wie das tut.
   Valleri, vallera ...

Text: Hermann Löns (1866-1914)
Melodie: überliefert

58

Das Wandern ist des Müllers Lust

1. Das Wan-dern ist des Mül-lers Lust, das Wan-dern ist des Mül-lers Lust, das Wan - dern. Das muß ein schlech-ter Mül-ler sein, dem nie-mals fiel das Wan-dern ein, dem nie-mals fiel das Wan-dern ein, das Wan - dern.

2. Vom Wasser haben wir's gelernt, vom Wasser.
   Das hat nicht Ruh bei Tag und Nacht,
   ist stets auf Wanderschaft bedacht, das Wasser.

3. Das sehn wir auch den Rädern an, den Rädern.
   Die gar nicht gerne stille stehn,
   und sich mein Tag nicht müde drehn, die Räder.

4. Die Steine selbst so schwer sie sind, die Steine.
   Sie tanzen mit den muntern Reih'n,
   und wollen gar noch schneller sein, die Steine.

5. Oh Wandern, Wandern meine Lust, Oh Wandern.
   Herr Meister und Frau Meisterin,
   lasst mich in Ruhe weiterziehn und wandern.

Text: Wilhelm Müller (1821)
Melodie: Carl Friedrich Zöllner (1844)

59

Drei Lilien

1. Drei Li-li-en, drei Li-li-en, die pflanzt ich auf mein Grab, val-le-ra, da kam ein stol-zer Rei-ter und brach sie ab. Ju-vi val-le ral-le ral-le ral-le ra ____, ju-vi val-le ral-le ral-le ral-le ra —, da kam ein stol-zer Rei-ter und brach sie ab.

2.   Ach Reiter, lieber Reitersmann,
lass doch die Lilien stehn, vallera;
die soll ja mein Feinsliebchen
noch einmal sehn.
Juvi -valle-ralle-ralle-ralle-ra,
Juvi -valle-ralle-ralle-ralle-ra,
die soll ja mein Feinsliebchen
noch einmal sehn.

3. Und sterbe ich noch heute,
so bin ich morgen tot, vallera;
dann begraben mich die Leute
ums Morgenrot.
Juvi -valle-ralle-ralle-ralle-ra,
Juvi -valle-ralle-ralle-ralle-ra,
dann begraben mich die Leute
ums Morgenrot.

Volksweise (um 1833)

Ein Heller und ein Batzen

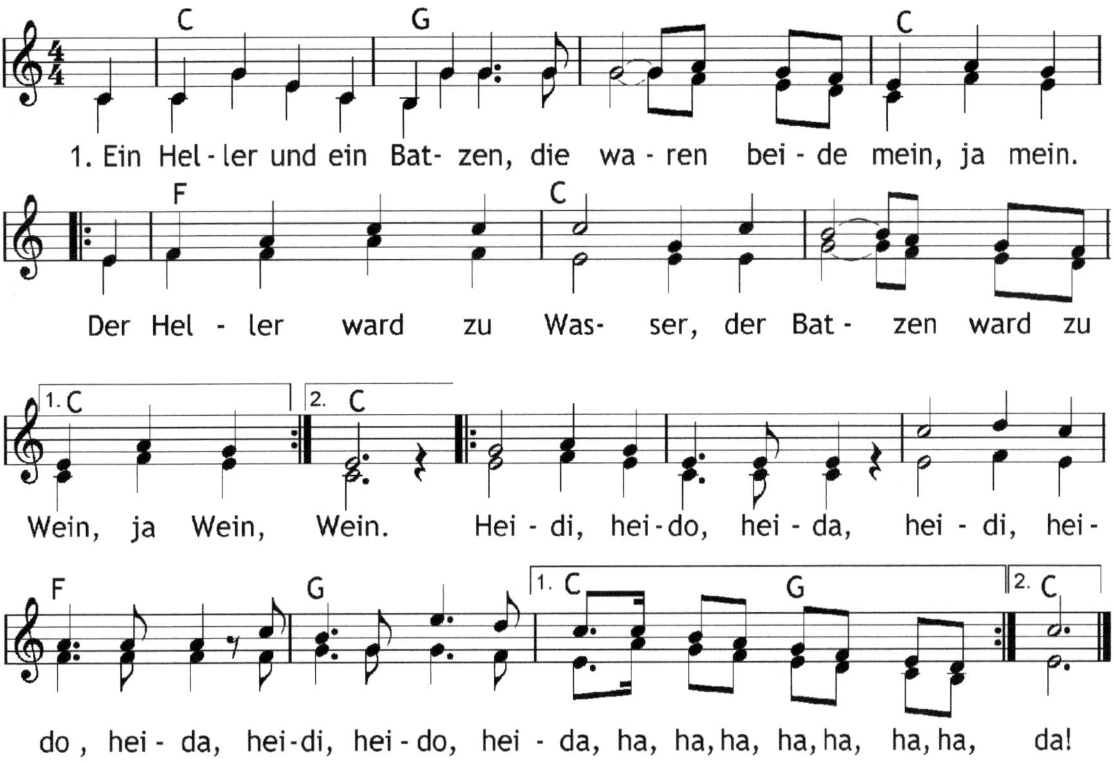
C G C
1. Ein Hel-ler und ein Bat-zen, die wa-ren bei-de mein, ja mein.
F C
Der Hel-ler ward zu Was-ser, der Bat-zen ward zu
1. C 2. C
Wein, ja Wein, Wein. Hei-di, hei-do, hei-da, hei-di, hei-
F G 1. C G 2. C
do, hei-da, hei-di, hei-do, hei-da, ha, ha, ha, ha, ha, ha, ha, da!

2. Die Wirtsleut und die Mädel,
   die rufen beid: „O weh, o weh!"
   Die Wirtsleut, wenn ich komme,
   die Mädel, wenn ich geh, ja geh.

3. Mein' Strümpf die sind zerrissen,
   mein Stiefel sind entzwei,
   und draußen auf der Heide,
   da singt der Vogel frei.

4. Und gäb's kein Landstraß' nirgends,
   so blieb ich still zu Haus,
   und gäb's kein Loch im Fasse,
   so tränk' ich gar nicht draus.

5. Das war 'ne rechte Freude,
   als mich der Herrgott schuf?
   'nen Kerl wie Samt und Seide,
   nur schade, dass er suff.

Text: Albert Graf von Schlippenbach (1830)
Melodie: Volksweise

Es klappert die Mühle am rauschenden Bach

1. Es klap-pert die Müh-le am rau-schen-den Bach, Klipp, Klapp.
Bei Tag und bei Nacht ist der Mül-ler stets wach, Klipp, Klapp.
Er mah-let das Korn zu dem kräf-tig-sten Brot, und
ha-ben wir die-ses, so hat's kei-ne Not. Klipp,
klapp, klipp, klapp, klipp, klapp, klipp, klapp, klipp, klapp, klipp, klapp.

2. Flink laufen die Räder und drehen den Stein, klipp, klapp!
Und mahlen den Weizen zu Mehl uns so fein, klipp, klapp!
Der Bäcker den Zwieback und Kuchen draus bäckt,
der immer den Kindern besonders gut schmeckt.
Klipp, klapp, klipp, klapp, klipp, klapp!

3. Wenn reichliche Körner das Ackerfeld trägt, klipp, klapp!
Die Mühle dann flink ihre Räder bewegt, klipp, klapp!
Und schenkt uns der Himmel nur immer das Brot,
so sind wir geborgen und leiden nicht Not.
Klipp, klapp, klipp, klapp, klipp, klapp!

Text: Ernst Anschütz (1824)
Melodie: Volksweise (18. Jh.)

62

Es, es, es und es

1. Es, es, es und es, es ist ein har- ter Schluß.
Weil, weil, weil und weil, weil ich aus Frank- furt muß.
Drum schlag ich Frank - furt aus dem Sinn und wen-de mich Gott
weiß wo - hin. Ich will mein Glück pro- bie - ren, mar- schie - ren.

2. Er, er, er und er, Herr Meister, leb er wohl!
Ich sag's ihm grad frei ins Gesicht,
seine Arbeit, die gefällt mir nicht. Ich will ...

3. Sie, sie, sie und sie, Frau Meisterin, leb sie wohl!
Ich sag ihr grad frei ins Gesicht,
ihr Speck und Kraut, das schmeckt mir nicht. Ich will ...

4. Er, er, er und er, Herr Wirt, nun leb er wohl!
Hätt er die Kreide nicht doppelt g'schrieb'n,
so wär ich länger dageblieb'n. Ich will ...

5. Ihr, ihr, ihr und ihr, ihr Jungfern, lebet wohl!
Ich wünsche euch zu guter Letzt,
einen ander'n der meine Stelle ersetzt. Ich will ...

6. Ihr, ihr, ihr und ihr, ihr Brüder, lebet wohl!
Hab ich euch was zu Leid getan,
so bitt ich um Verzeihung an. Ich will ...

Altes Gesellenlied (um 1826)

63

Es steht eine Mühle

1. Es steht ei-ne Müh-le im Schwarz-wäl-der-tal, die klap-pert so leis' vor sich hin. Und wo ich geh und steh, im Tal und auf der Höh, da liegt mir die Müh-le, die Müh-le im Sinn, die Müh-le vom Schwarz-wäl-der Tal.

2. Und in dieser Mühle im Schwarzwälder Tal,
   da wohnet ein Mädel so schön. :|
   Und wo ich geh' und steh'
   Im Tal und auf der Höh',
   |: da liegt mir das Mädel, das Mädel im Sinn,
   das Mädel im Schwarzälder Tal :|

3. |: Wir reichten zum Abschied noch einmal die Hand
   und wünschten einander viel Glück :|
   Und wo ich geh' und steh'
   im Tal und auf der Höh'
   |: Da liegt mir der Abschied, der Abschied im Sinn,
   der Abschied vom Schwarzwälder Tal :|

Paul Schulz (1876-1924)

Freiheit, die ich meine

1. Frei - heit, die ich mei - ne, die mein Herz er - füllt,
komm' mit dei - nem Schei - ne, sü - ßes En - gels - bild!

Magst du nie dich zei - gen der be - dräng - ten Welt?

Füh - rest dei - nen Rei - gen nur am Ster - nen - zelt?

2. Auch bei grünen Bäumen in dem luft'gen Wald,
unter Blütenträumen ist dein Aufenthalt!
Ach! das ist ein Leben, wenn es weht und klingt,
I: wenn dein stilles Weben wonnig uns durchdringt. :I

3. Wenn die Blätter rauschen süßen Freundesgruß,
wenn wir Blicke tauschen, Liebeswort und Kuss.
Aber immer weiter nimmt das Herz den Lauf,
I: auf der Himmelsleiter steigt die Sehnsucht auf :I

4. Aus den stillen Kreisen kommt mein Hirtenkind,
will der Welt beweisen, was es denkt und minnt.
Blüht ihm doch ein Garten, reift ihm doch ein Feld
I: auch in jener harten, steinerbauten Welt. :I

Text: Max von Schenkendorf (1813)
Melodie: Carl Groos (1818)

65

Hab mein Wagen voll geladen

1. Hab' mein Wa- ge voll ge- la - de, voll mit al - ten Weib-sen.
Als wir in die Stadt 'nein - ka - men, fing'n sie an zu kei - fen.

Drum lad' ich all mein Le - be -ta - ge nie al- te Weib- sen auf mein'

Wa - ge. Hü, Schim- mel, hü - ja - hü, Hü Schim - mel hü!

2. Hab' mein' Wage' voll gelade', voll mit Männern alten.
Als wir in die Stadt 'neinkamen, murrten sie und schalten.
Drum lad' ich all' mein Lebetage nie alte Männer auf mein Wage',
Hü, Schimmel hü!

3. Hab' mein' Wage' voll gelade', voll mit jungen Mädchen.
Als wir zu dem Tor 'neinkamen, sangen sie durch's Städtchen.
Drum lad' ich all mein Lebetage nur junge Mädchen auf mein' Wage',
Hü, Schimmel hü!

Weise aus Holland (um 1900)

66

Hoch auf dem gelben Wagen

```
   D                        A D                   A D  D
1. Hoch auf dem gelben Wagen, sitz ich beim Schwager vorn.

      D              A D   A                 A
   Vorwärts die Rosse traben, lustig schmettert das Horn.

      G  A          D      A          D
   Felder, Wiesen und Auen, leuchtendes Ährengold,

      G                 D
   ich möchte so gerne noch schauen,

         G  A7        D
   aber der Wagen, der rollt.
```

2. Flöten hör ich und Geigen, lustiges Bassgebrumm,
   junges Volk im Reigen tanzt um die Linde herum.
   Wirbelnde Blätter im Winde, es jauchzt und lacht und tollt,
   ich bliebe so gern bei der Linde;
   aber der Wagen, der rollt.

3. Postillon in der Schenke füttert die Rosse im Flug,
   schäumendes Gerstengetränke reicht der Wirt uns im Krug.
   Hinter den Fensterscheiben lacht ein Gesicht gar hold,
   ich möchte so gerne noch bleiben,
   aber der Wagen, der rollt.

4. Sitzt einmal ein Gerippe dort bei dem Schwager vorn,
   schwingt statt der Peitsche die Hippe, Stundenglas statt das Horn,
   sag ich: Ade nun ihr Lieben, die ihr nicht mitfahren wollt!
   Ich wär ja so gern noch geblieben,
   aber der Wagen, der rollt.

Text: Rudolf Baumbach (1879)

67

Ihr lustigen Hannoveraner

1. Ihr lust'- gen Han- no- ver- an-er, seid ihr al - le bei-sam-men. Ei, so las - set uns fah - ren mit Roß und Wa - gen nach un - serm Quar - tier, lust'- ge Han- no-ve- ra - ner das sein wir.

2. I: Unser Herzog hat uns wohl bedacht,
   Bier und Branntwein uns mitgebracht, :I
   Musikanten zum Spielen, hübsche Mädchen zum Vergnügen,
   zu Lust und Plaisier. Lust'ge Hannoveraner, die sein wir!

3. I: Es hat sich das Trömmlein
   schon zweimal gerühret. :I
   schon zweimal gerühret. Nun heißt es marschieret,
   hinaus vom Quartier. Lust'ge Hannoveraner, die sein wir!

4. I: Und als wir kamen vor das Tor,
   links und rechts da stand das Jägerkorps. :I
   Und da sahn wir von weitem, unsern Herzog schon reiten.
   Er ritt auf seinem Grenadier. Lust'ge Hannoveraner, die sein wir!

5. I: O seht doch nur, wie begeistert
   uns Fähnrich tut schwenken; :I
   Er schwenkt seine Fahne wohl über die Husaren,
   wohl über das ganze Heer. Lust'ge Hannoveraner, die sein wir!

Soldatenlied aus Hannover
aus den Freiheitskriegen (1813-1815)

68

Im grünen Wald, dort wo die Drossel singt

1. Im grü-nen Wald, dort wo die Dros-sel singt, Dros-sel singt, und im Ge-büsch das munt-re Reh-lein springt, Reh-lein springt, wo Tann' und Fich-te stehn am Wal-des-saum, ver-lebt ich mei-ner Ju-gend schön-sten Traum.

2. Das Rehlein trank wohl aus dem klaren Bach, klaren Bach,
   derweil im Wald der muntre Kuckuck lacht, Kuckuck lacht.
   I: Der Jäger zielt schon hinter einem Baum,
   das war des Rehleins letzter Lebenstraum. :I

3. Getroffen war's und sterbend lag es da,
   das man vorher noch munter hüpfen sah, hüpfen sah.
   I: Er nahm die Büchse, schlug sie an ein'n Baum,
   und sprach: Das Leben ist ja nur ein Traum.:I

4. Die Jugendzeit, die ist schon längst entfloh'n,
   die ich verlebt als junger Waidmannssohn, Waidmannssohn.
   I: Wo Tann' und Fichte steh'n am Waldessaum,
   verlebt ich meiner Jugend schönsten Traum. :I

Text: Friederike Kempner (1836-1904)
Melodie: Max Oscheit (geb. 1880)

Im Wald und auf der Heide

1. Im Wald und auf der Hei-de, da such ich mei-ne Freu-de_ ich bin ein Jä--gers-mann. ich bin ein Jä-gers-mann. Die For-sten treu zu he--gen, das Wild-bret zu er-le--gen, mein' Lust hab ich da--ran, mein'____ mein Lust hab ich __da-ran. Ha-li, __ hal-lo, ha-li __ hal-lo, mein Lust hab ich__ da-ran. Ha-li, __ hal-lo, ha-li __ hal-lo, mein Lust hab ich __da-ran.

2. Trag' ich in meiner Tasche
   ein Tränklein in der Flasche,
   |: ein Stückchen schwarzes Brot, :|
   Brennt lustig meine Pfeife,
   wenn ich den Forst durchstreife,
   |: da hat es keine Not :|
   |: Hal-li, hallo, hal-li hallo, /
   mein' Lust hab' ich daran. :|

70

3. Im Walde hingestrecket,
den Tisch mit Moos mir decket
|: die freundliche Natur. :|
Den treuen Hund zur Seite,
ich nun das Mahl bereite
|: auf Gottes freier Flur. :|
|: Hal-li, hallo, hal-li hallo,
mein' Lust hab' ich daran. :|

4. Und streif' ich durch die Wälder
und zieh' ich durch die Felder
|: einsam den ganzen Tag, :|
Doch schwinden mir die Stunden
gleich flüchtigen Sekunden,
|: tracht' ich dem Wilde nach. :|
|: Hal-li, hallo, hal-li hallo,
mein' Lust hab' ich daran. :|

5. Wenn sich die Sonne neiget,
der feuchte Nebel steiget,
|: mein Tagwerk ist getan, :|
Dann zieh' ich von der Heide
zur häuslich stillen Freude,
|: ein froher Jägersmann. :|
|: Hal-li, hallo, hal-li hallo,
mein' Lust hab' ich daran.:|

Melodie: F. L. Gehricke (1827)
Text: Wilhelm Bornemann

71

Im Krug zum grünen Kranze

1. Im Krug zum grünen Kranze, da kehrt ich durstig ein; da saß ein Wandrer drinnen, ja drinnen am Tisch beim kühlen Wein, _ da saß ein Wandrer drinnen, ja drinnen am Tisch beim kühlen Wein.

2. Ein Glas war eingegossen, das wurde nimmer leer;
I: sein Haupt ruht auf dem Bündel, ja Bündel,
als wär's ihm viel zu schwer. :I

3. Ich tät mich zu ihm setzen, ich sah ihm ins Gesicht,
I: das schien mir gar befreundet, befreundet,
und dennoch kannt ich's nicht. :I

4. Da sah auch mir ins Auge der fremde Wandersmann
I: und füllte meinen Becher, ja Becher, und sah mich wieder an. :I

5. Hei! was die Becher klangen, wie brannte Hand in Hand:
I: Es lebe die Liebste deine, ja deine, Herzbruder, im Vaterland! :I

Text: Wilhelm Müller (1821)
Volksweise aus der Schweiz

72

In einem kühlen Grunde

1. In ei-nem küh-len Grun-de, da geht ein Müh-len-rad; mein Lieb-chen ist _ ver-schwun-den, das dort ge-woh-net hat. Mein Lieb-chen ist ver-schwun-den, das dort ge-woh-net hat.

2. Sie hat mir Treu' versprochen, gab mir ein' Ring dabei,
   sie hat die Treu gebrochen: Das Ringlein sprang entzwei.

3. Ich möcht' als Spielmann reisen / weit in die Welt hinaus
   und singen meine Weisen / und gehn von Haus zu Haus.

4. Ich möcht als Reiter fliegen / wohl in die blut'ge Schlacht,
   um stille Feuer liegen / im Feld bei dunkler Nacht.

5. Hör ich das Mühl'rad gehen, ich weiß nicht, was ich will -
   Ich möcht' am liebsten sterben, dann wär's auf einmal still.

Text: Joseph von Eichendorff (1812)
Melodie: Friedrich Glück (1814)

Lustig ist das Zigeunerleben

1. Lu - stig ist das Zi - geu - ner - le - ben, fa - ri - a, fa - ri - a, ho!
brauch'n dem Kai- ser kein Zins zu ge - ben,   "   "   "
Lu - stig ist es im grü - nen Wald, wo des Zi - geu - ner's Auf - ent -halt,
fa - ri - a, fa - ri - a, fa - ri - a, fa -ri - a, fa - ri - a, fa - ri - a, ho!

2. Sollt' uns einmal der Hunger plagen, faria ...
gehn wir uns ein Hirschlein jagen, faria ...
Hirschlein nimm dich wohl in acht,
wenn des Jägers Büchse kracht. Faria ...

3. Sollt' uns einmal der Durst sehr quälen, faria ...
gehn wir hin zu den Wasserquellen, faria ...
trinken Wasser wie Moselwein,
meinen, es müsste Champagner sein. Faria ...

4. Wenn wir auch kein Federbett haben, faria ...
tun wir uns ein Loch ausgraben, faria ...
legen Moos und Reisig 'nein,
das soll unser Federbett sein. Faria ...

Volksweise aus Schlesien (19. Jh.)
mündlich überliefert

74

Mit dem Pfeil, dem Bogen

1. Mit dem Pfeil, dem Bo - gen, durch Ge - birg und Tal kommt der Schütz ge - zo - gen früh am Mor - gen - strahl. La la la, la la la, la la la —, la la la la la la la. La la la, la la la, la la la —, la la la la la la la.

2. Wie im Reich der Lüfte König ist der Weih,
   so im Reich der Klüfte herrscht der Schütze frei.
   La la la, ...

3. Ihm gehört das Weite: was sein Pfeil erreicht,
   das ist seine Beute, was da kreucht und fleucht.
   La la la, ...

Text: Friedrich von Schiller (1803)
Melodie: Bernhard Anselm Weber (1804)

Land der dunklen Wälder

1. Land der dunklen Wälder und kristall'nen Seen.
Über weite Felder lichte Wunder gehn.

2. Starke Bauern schreiten hinter Pferd und Pflug.
Über Ackerbreiten streicht ein Vogelzug.

3. Und die Meere rauschen den Choral der Zeit.
Elche stehn und lauschen in die Ewigkeit.

4. Tag hat angefangen über Haff und Moor.
Licht ist aufgegangen steigt im Ost empor.

5. Heimat wohlgeborgen zwischen Strand und Strom,
blühe heut und morgen unter'm Friedensdom.

Text: Erich Hannighofen
Melodie: Herbert Brust

76

Wenn in stiller Stunde

1. Wenn in stil-ler Stun-de Träu-me mich um-wehn,
brin-gen fro-he Kun-de, Gei-ster un-ge-sehn,
re-den von dem Lan-de mei-ner Hei-mat mir,
hel-lem Mee-res-stran-de, dü-ster'm Wald-re-vier.

2. Weiße Segel wiegen sich auf blauer See,
   weiße Möwen fliegen in der blauen Höh',
   blauer Wälder krönen weißer Dünen Sand.
   I: Pommerland, mein Sehnen ist dir zugewandt! :I

3. Aus der Ferne wendet sich zu dir mein Sinn,
   aus der Ferne sende trauten Gruß ich hin.
   Traget, laue Winde, meinen Gruß und Sang
   I: wehet leis' und linde treuer Liebe Klang :I

4. Bist ja doch das eine in der ganzen Welt,
   bist ja mein, ich deine, treu dir zugestellt,
   kannst ja doch von allen, die ich je gesehn,
   I: mir allein gefallen, Pommerland, so schön! :I

5. Jetzt bin ich im Wandern bin bald hier bald dort,
   doch aus allem andern treibt's mich immer fort.
   Bis in dir ich wieder finde meine Ruh',
   I: sende ich meine Lieder dir, o Heimat, zu! :I

Text: Adolf Pompe
Melodie: (Freiheit, die ich meine) Karl Gross (1818)

Aus der Jugendzeit

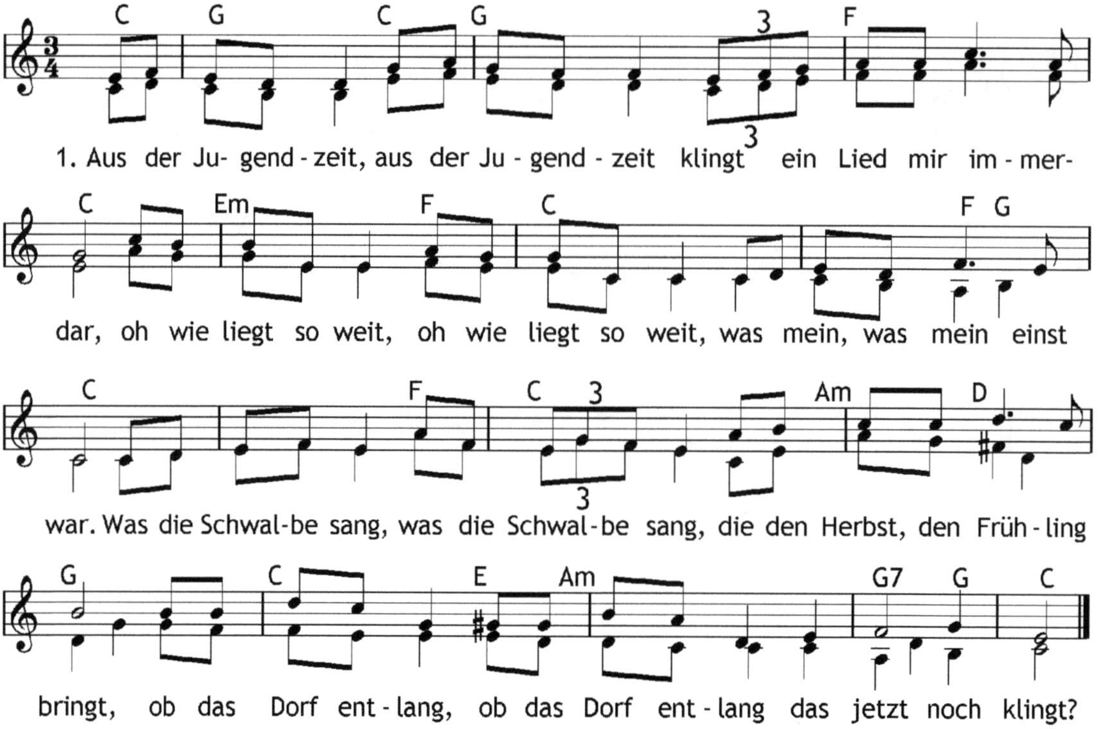
C G C G F
1. Aus der Ju- gend - zeit, aus der Ju - gend - zeit klingt ein Lied mir im - mer-
C Em F C F G
dar, oh wie liegt so weit, oh wie liegt so weit, was mein, was mein einst
C F C Am D
war. Was die Schwal-be sang, was die Schwal-be sang, die den Herbst, den Früh - ling
G C E Am G7 G C
bringt, ob das Dorf ent - lang, ob das Dorf ent - lang das jetzt noch klingt?

2. Oh du Heimatflur, oh du Heimatflur, lass zu deinem sel'gen Raum
mich noch einmal nur, mich noch einmal nur entflieh'n, entflieh'n im Traum
Als ich Abschied nahm, als ich Abschied nahm, war die Welt mir voll so sehr,
als ich wiederkam, als ich wiederkam, war alles leer.

3. Wohl die Schwalbe kehrt, wohl die Schwalbe kehrt,
und der leere Kasten schwoll.
Ist das Herz geleert, ist das Herz geleert, wird's nie mehr voll.
Keine Schwalbe bringt, keine Schwalbe bringt dir zurück, wonach du weinst,
doch die Schwalbe singt, doch die Schwalbe singt im Dorf wie einst.

Text: Friedrich Rückert (1788-1866)
Melodie: Robert Radecke

Schön ist die Jugend

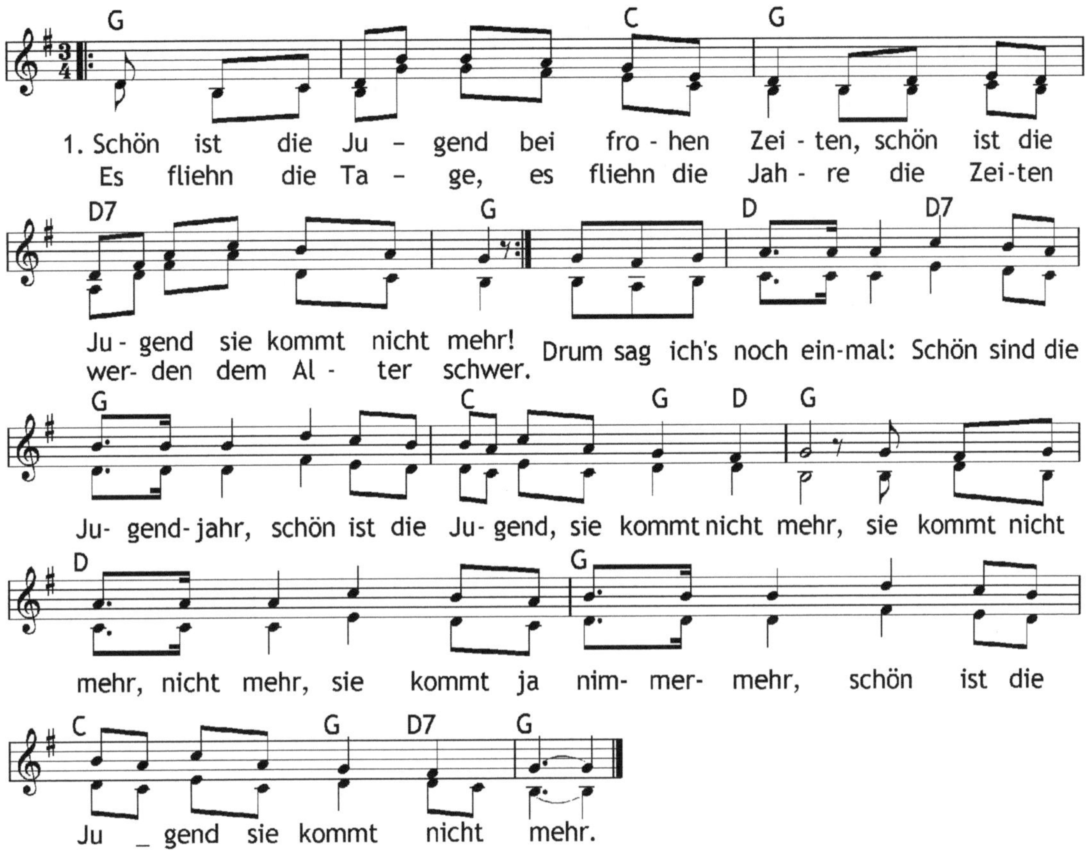
G C G
1. Schön ist die Ju – gend bei fro - hen Zei - ten, schön ist die
Es fliehn die Ta – ge, es fliehn die Jah - re die Zei-ten
D7 G D D7
Ju - gend sie kommt nicht mehr!
wer- den dem Al - ter schwer.
Drum sag ich's noch ein-mal: Schön sind die
G C G D G
Ju- gend-jahr, schön ist die Ju- gend, sie kommt nicht mehr, sie kommt nicht
D G
mehr, nicht mehr, sie kommt ja nim- mer- mehr, schön ist die
C G D7 G
Ju _ gend sie kommt nicht mehr.

2. Es blüht der Weinstock, und der trägt Reben,
und aus den Reben fließt edler Wein!
und aus dem Weine strömt Jugendwonne,
doch bald verrauscht sie, ‘s muss ja so sein.
Drum sag ich‘s noch einmal ...

3. Es blüht ein Rosenstock, und der trägt Rosen,
und aus den Rosen weht süßer Duft!
Die Rosen blühen, die Rosen welken,
und welke Rosen sind ohne Duft.
Dum sag ich‘s noch einmal ...

Volksweise (1870)
Text: E. Schoch

Wem Gott will rechte Gunst erweisen

1. Wem Gott will rech - te Gunst er - wei - sen, den schickt er in die wei - te Welt, dem will er sei - ne Wun - der zei - gen in Berg und Wald und Strom und Feld.

2. Die Bächlein von den Bergen springen,
   die Lerchen schwirren hoch vor Lust,
   was sollt ich nicht mit ihnen singen,
   aus voller Kehl und frischer Brust.

3. Den lieben Gott lass ich nur walten:
   der Bächlein, Lerchen, Wald und Feld
   und Erd' und Himmel will erhalten,
   hat auch mein Sach' auf's best' bestellt.

Text: Joseph von Eichendorff (1822)
Weise: Friedrich Theodor Fröhlich (1833)

Wer recht in Freuden wandern will

1. Wer recht in Freu-den wan-dern will, der geh der Sonn ent-ge-gen. Da ist der Wald so kir-chen-still, kein Lüft-chen mag sich re-gen. Noch sind nicht (noch sind nicht) die Ler-chen wach, nur im ho- (nur im ho-) hen Gras der Bach singt lei-se den Mor - - gen-se - - gen.

2. Die ganze Welt ist wie ein Buch, darin uns aufgeschrieben
   in bunten Zeilen manch ein Spruch, wie Gott und treu geblieben;
   Wald und Blumen, nah und fern, und der helle Morgenstern
   sind Zeugen von seinem Lieben.

3. Da zieht die Andacht wie ein Hauch durch alle Sinnen leise;
   da pocht ans Herz die Liebe auch in ihrer stillen Weise,
   pocht und pocht, bis sich's erschließt und die Lippe überfließt
   von lautem, jubelndem Preise.

4. Und plötzlich lässt die Nachtigall im Busch ihr Lied erklingen;
   in Berg und Tal erwacht der Schall und will sich aufwärts schwingen;
   und der Morgenröte Schein stimmt in lichter Glut mit ein:
   Lasst uns dem Herrn lobsingen.

Text: Emanuel Geibel (1840)
Melodie: Gustav Klauer (1827-1854)

81

Wohlauf, die Luft geht frisch und rein

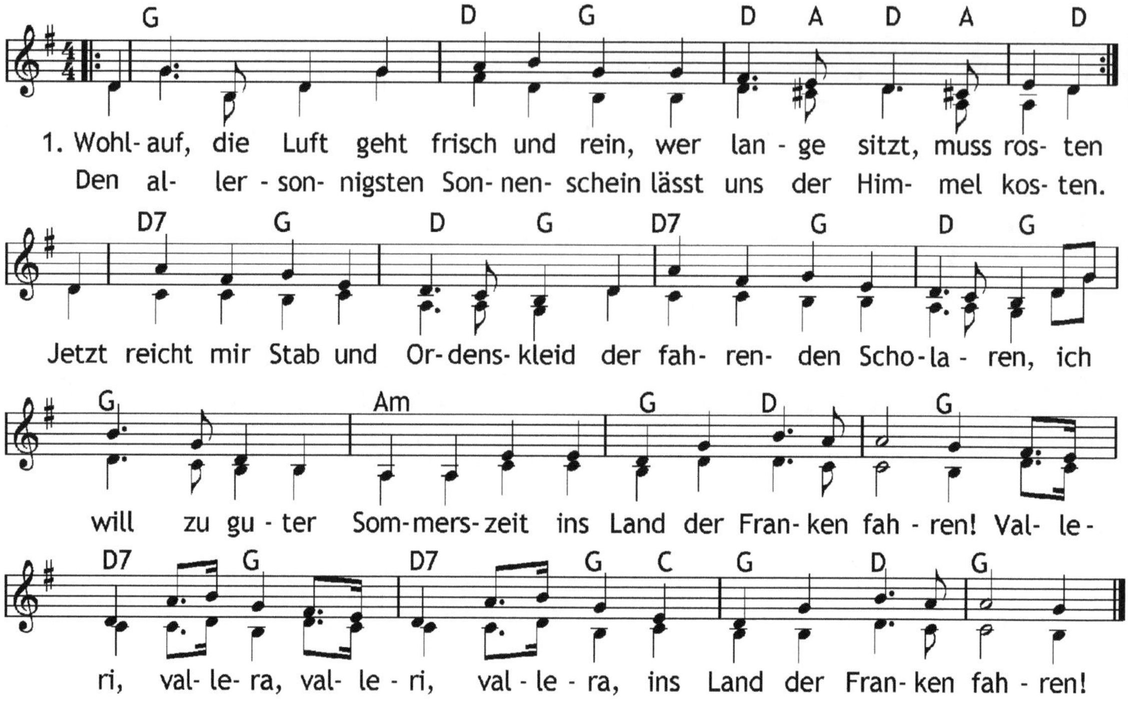
G D G D A D A D
1. Wohl- auf, die Luft geht frisch und rein, wer lan - ge sitzt, muss ros- ten
Den al- ler - son- nigsten Son- nen- schein lässt uns der Him- mel kos- ten.
D7 G D G D7 G D G
Jetzt reicht mir Stab und Or- dens- kleid der fah- ren- den Scho - la - ren, ich
G Am G D G
will zu gu - ter Som- mers- zeit ins Land der Fran- ken fah - ren! Val- le-
D7 G D7 G C G D G
ri, val- le- ra, val- le - ri, val - le - ra, ins Land der Fran- ken fah - ren!

2. Der Wald steht grün, die Jagd geht gut, schwer ist das Korn geraten;
sie können auf des Maines Flut die Schiffe kaum verladen.
Bald hebt sich auch das Herbsten an, die Kelter harrt des Weines;
der Winzer Schutzherr Kilian beschert uns etwas Feines. Valleri, ...

3. Wallfahrer ziehen durch das Tal mit fliegenden Standarten,
hell grüßt ihr doppelter Choral den weiten Gottesgarten.
Wie gerne wär ich mit gewallt, ihr Pfarr' wollt mich nicht haben!
So muß ich seitwärts durch den Wald als räudig Schäflein traben. Valleri, ...

4. Zum heil'gen Veit von Staffelstein komm ich emporgestiegen
und seh die Lande um den Main zu meinen Füßen liegen:
Von Bamberg bis zum Grabfeldgau umrahmen Berg und Hügel
die breite stromdurchglänzte Au — ich wollt, mir wüchsen Flügel! Valleri, ...

5. Einsiedelmann ist nicht zu Haus, dieweil es Zeit zu mähen;
ich seh ihn an der Halde draus bei einer Schnitt'rin stehen.
Verfahrner Schüler Stoßgebet heißt: Herr, gib uns zu trinken!
Doch wer bei schöner Schnitt'rin steht, dem mag man lange winken.

6. Einsiedel, das war missgetan, dass du dich hubst von hinnen!
Es liegt, ich seh's dem Keller an, ein guter Jahrgang drinnen.
Hoiho, die Pforten brech ich ein und trinke was ich finde.
Du heiliger Veit von Staffelstein, verzeih mir Durst und Sünde.

Text: Joseph Victor Scheffel (vor 1859)
Melodie: Valentin Eduard Becker (1870)

83

Schön ist die Welt

mit rhythmischer Begleitung

1. Melodie, 2. Pauke, 3. Holzblocktrommel

2. Wir sind nicht stolz, wir brauchen keine Pferde,
   I: die uns von dannen ziehn. :I

3. Wir steig'n hinauf auf Berge und auf Hügel,
   I: wo uns die Sonne sticht. :I

4. Wir laben uns an jeder Felsenquelle,
   I: wo frisches Wasser fließt. :I

5. Wir reisen fort von einer Stadt zur andern,
   I: wo uns die Luft gefällt. :I

Volksweise aus Oberhessen (19. Jh.)

84

Am Wasser

Hamborger Veermaster

Solo: 1. Ick heff mol en Ham-bor-ger Veer-ma-ster sehn,
De Ma-sten so scheef as den Schip-per sien Been,
Chor: to my hoo-dah, to my hoo-dah! hoo-dah, hoo-dah hoo!

Blow boys ___ blow, for Ca-li-for-ni-o, there is plen-ty of gold, so I am told, on the banks of Sa-cra-men-to.

2. Dat Deck weer von Isen, vull Schiet un vull Smeer.
   „Rein Schipp" wer den Käpt'n sien grötstet Pläseer.

3. Dat Logis weer vull Wanzen, de Kombüs weer vull Dreck.
   De Beschüten* de lopen von sülben all weg.

4. Dat Soltfleesch** weer grön, un de Speck weer vull Maden,
   Köm geev dat bloß an'n Winachtsavend.

5. Un wulln wi mol seil'n, ick segg dat jo nur,
   denn löppt he dree vörut un veer wedder retur.

* Schiffzwieback
** Salzfleisch

Nach einem englischen Gangspill Shanty
aus Schleswig-Holstein

85

Das Friesenlied

1. Wenn die Nord - see - wel - len spü - len an den Strand,
wo die gel - ben Blu - men blüh'n ins grü - ne Land,
wo die Mö - wen schrei - en schrill im Sturm - ge - braus,
da ist mei - ne Hei - mat, da bin ich zu Haus.
da bin ich zu Haus.

2. Well'n und Wogen sangen mir ein Wiegenlied,
hohe Deiche waren mir das Gott behüt,
I: merkten auch mein Sehnen und mein heiß Begehr:
Durch die Welt zu fliegen, über Land und Meer. :I

3. Wohl hat mir das Leben meine Qual gestillt,
und mir ist das gegeben, was mein Herz erfüllt,
I: alles ist verschwunden, was mir leid und lieb,
hab das Glück gefunden, doch das Heimweh blieb. :I

4. Heimweh nach dem schönen, grünen Marschenland,
wo die Nordseewellen spülen an den Strand,
I: wo die Möwen schreien, schrill im Sturmgebraus
da ist meine Heimat, da bin ich zu Haus. :I

Text: Fischer Friesenhausen
Melodie: S. Krannig

86

Heut geht es an Bord

1. Heut geht es an Bord, heut se-geln wir fort, lu- stig, heut ist heut!
Drum fül- let das Glas mit köst- li- chem Naß, See- manns Lust und Freud.
Hell die Glä- ser klin- gen, ein fro -hes Lied wir sin-gen, Mä- del schen-ke ein, es
le - be Lieb und Wein: Pro-sit, auf Wie - der- seh'n, _____ seh'n!

2. Verschwunden das Land, verschwunden der Strand; Schiff auf hoher See!
Rings um uns her Wellen und Meer, alles was ich seh!
I: Leis die Wellen wiegen, Möwen heimwärts ziehen,
golden strahlt die Sonn, die Herzen voller Wonn,
o Heimatland ade. :I

3. Im Kampfe wir sind mit Wellen und Wind auf dem Ozean.
In Not und Gefahr sind wir immer da und steh'n als ganzer Mann.
I: Im Ernste wie im Scherze am rechten Fleck das Herze;
unser höchstes Gut: Frischer Seemannsmut!
Herrscher auf dem Meer! :I

4. Nimmer zurück schweift unser Blick, frischen Mut voraus!
Ob Schnee oder Eis, ob Sonn brennend heiß, was machen wir daraus!
I: Fern die Heimat winket, Liebchens Äuglein blinket.
Jahre komm'n und gehe´n, ein frohes Wiedersehn, Hurra Heimatland! :I

Text: P. Vollrath (1907)
Melodie: Ungarische Volksweise

87

Jetzt fahr'n wir übern See

1. Jetzt fahr'n wir ü - bern See, ü - bern See, jetzt
fahr'n wir ü - bern (See.) Mit ei - ner höl - zern Wur - zel,
Wur- zel, Wur- zel, Wur- - zel, mit ei- ner höl- zern Wur- zel, ein
Ru - der war nicht (dran.)

2. Und als wir drüber warn, drüber warn, und als wir drüber (warn),
da sangen alle Vöglein, Vöglein, Vöglein, Vöglein,
da sangen alle Vöglein, der helle Tag brach (an).

3. Der Jäger blies ins Horn, blies ins Horn, der Jäger blies ins (Horn).
Da bliesen alle Jäger, Jäger, Jäger, Jäger,
da bliesen alle Jäger, ein jeder in sein (Horn).

4. Das Liedlein das ist aus, wieder aus, das Liedlein das ist (aus).
Und wer das Lied nicht singen kann, singen, singen, singen kann
Und wer das Lied nicht singen kann, der fangs von vorne (an).

Volksweise aus Böhmen (1825)

My Bonnie is over the ocean

1. My Bon- nie is o-ver the o-cean, my Bon- nie is o-ver the sea. My

Bon-nie is o-ver the o-cean, oh bring back my Bon-nie to me.

Bring back, bring back, bring back my bon-nie to me, to me!

Bring back, bring back, oh bring back my Bon - nie to me.

2. Last night as I lay on my pillow,
   last night as I lay on my bed,
   last night as I lay on my pillow,
   I dreamed that my Bonnie was dead.

3. Oh, blow, ye winds, over the ocean
   and blow, ye winds, over the sea;
   oh, blow, ye winds, over the ocean
   and bring back my Bonnie to me.

4. The winds have blown over the ocean,
   the winds have blown over the sea;
   the winds have blown over the ocean,
   and brought back my Bonnie to me.
   Brought back...

Text und Melodie aus Schottland

89

Winde wehn, Schiffe gehn

1. Win - de wehn, Schif - fe gehn weit ins frem - de Land, und des Ma - tro - sen al - ler - lieb-ster Schatz bleibt wei - nend stehn am Strand.

2. Wein doch nicht, lieb Gesicht, wisch die Tränen ab!
   I: Und denk an mich und an die schöne Zeit, bis ich dich wieder hab.:I

3. Silber und Gold, Kisten voll, bring ich dann mit mir.
   I: Ich bringe Seiden und Sammet —, Sammetzeug, und alles schenk ich dir.:I

Schwedisches Seemannslied

Lieder zum Abschied

Im schönsten Wiesengrunde

1.Im schön-sten Wie-sen-grun-de ist mei-ner Hei-mat Haus; da zog ich man-che Stun-de ins Tal hin-aus. Dich mein stil-les Tal, grüß ich tau-send-mal! Da zog ich man-che Stun-de ins Tal hin-aus.

2. Muss aus dem Tal jetzt scheiden, wo alles Lust und Klang;
das ist mein herbstes Leiden, mein letzter Gang.
Dich mein stilles Tal, grüß ich tausendmal!
Das ist mein herbstes Leiden, mein letzter Gang.

3. Sterb ich, im Tales Grunde will ich begraben sein;
sing mir zur letzten Stunde beim Abendschein.
Dich mein stilles Tal, grüß ich tausendmal!
Sing mir zur letzten Stunde beim Abendschein.

Text: Wilhelm Ganzhorn (1851)
Melodie: Ruppert (1851)

91

Innsbruck, ich muss dich lassen

3/2-; 4/4-Takt

1. Inns-bruck, ich muß dich las-sen, ich fahr da-hin mein Stra-ßen in frem-de Land da-hin. Mein Freud ist mir ge-nom-men, die ich nit weiß be-kom-men, wo ich in E - - - - - - lend bin.

2. Groß Leid muss ich ertragen,
   das ich allein tu klagen
   dem liebsten Buhlen mein.
   Ach Lieb, nun lass mich Armen
   im Herzen dein erbarmen,
   dass ich muss von dannen sein.

3. Mein Trost ob allen Weiben,
   dein tu ich ewig bleiben,
   stet, treu, der Ehren frumm.
   Nun müss dich Gott bewahren,
   in aller Tugend sparen,
   bis dass ich wiederkumm.

Text: Maximilian I. (1496)
Melodie: Heinrich Ysak (um 1500)

92

Nun ade, du mein lieb Heimatland

1. Nun a-de, du mein lieb Hei-mat-land, lieb Hei-mat-land, a-de!
Es geht jetzt fort zum frem-den Strand, lieb Hei-mat-land, a-de!
Und so sing ich denn mit fro-hem Mut, wie man sin-get, wenn man
wan-dern tut, lieb Hei-mat-land a-de.

2. Wie du lachst mit deines Himmels Blau, / lieb Heimatland, ade!
Wie du grüßest mich mit Feld und Au, / lieb Heimatland, ade!
Gott weiß, zu dir steht stets mein Sinn;
doch jetzt zur Ferne zieht's mich hin,
lieb Heimatland, ade!

3. Begleitest mich, du lieber Fluss, / lieb Heimatland, ade!
Bist traurig, dass ich wandern muss, / lieb Heimatland, ade!
Vom moosgen Stein am wald'gen Tal,
da grüß ich dich zum letztenmal,
lieb Heimatland, ade!

Text: August Disselhoff (1851)
Melodie: Volksweise

93

Wo mag denn nur mein Christian sein

1. Wo mag denn nur __ der __ Chri-stian sein, in Ham-burg o-der Bre-men? Schau ich mir sei-ne Stu-be an, so denk ich an mein Chri-sti-an. mein' Chri-sti-an.

2. In seiner Stube hängt ein Holz,
   damit hat er gedroschen.
   Schau ich mir diesen Flegel an,
   so denk ich an mein Christian.

3. Auf unserm Hof, da steht ein Klotz,
   darauf hat er gesessen.
   Schau ich mir diesen Holzklotz an,
   so denk ich an mein Christian.

4. Dort in dem Stall, da steht 'ne Kuh,
   die hat er selbst gemolken.
   Höre ich dieses Rindvieh schrei'n,
   so fällt mir gleich mein Christian ein.

5. Der Esel, der den Milchkarr'n zog,
   den hat er selbst geführet.
   Höre ich diesen Esel schrei'n,
   so fällt mir gleich mein Christian ein.

Melodie: Volksweise aus Ostpreußen (um 1820)

94

Muss i denn zum Städtele hinaus

1. Muß i denn, muß i denn zum — Städ-te-le hin-aus,
Wenn i komm, wenn i komm, wenn i wie-der, wie-der-komm,

Städ-te-le hin-aus, und — du, mein Schatz, bleibst hier.
wie-der, wie-der-komm, kehr i ein, mein Schatz, bei dir.

Kann i gleich nit all-weil bei dir sein, han i doch mein Freud an

dir. Wenn i komm, wenn i komm, wenn i wie-der, wie-der-komm,

wie-der, wie-der-komm, kehr i ein, mein Schatz, bei dir.

2. Wie du weinst, wie du weinst, dass ich wandere muss, wandere muss,
wie wenn d' Lieb jetzt wär vorbei;
sind au drauß, sind au drauß der Mädele viel, lieber Schatz, ich bleib dir treu.
Denk du net, wenn i 'ne andre seh, so sei mein Lieb vorbei;
sind au drauß, sind au drauß der Mädele viel, lieber Schatz, i bleib dir treu.

3. Übers Jahr, übers Jahr, wenn me Träubele schneid't, Träubele schneid't
stell i hier mi wiedrum ein;
bin i dann, bin i dann dein Schätzele noch, so soll die Hochzeit sein.
Übers Jahr, da ist mein Zeit vorbei, da g'hör i mein und dein;
bin i dann, bin i dann dein Schätzele noch, so soll die Hochzeit sein.

Strophe 2 und 3 von Heinrich Wagner (1824)
Melodie: schwäbische Volksweise

Der Lebenskreis

Kinderlieder

Brüderchen, komm tanz mit mir

1. Brü-der-chen, komm tanz mit mir, bei-de Hän-de reich ich dir:
ein-mal hin, ein-mal her, rings-her-um das fällt nicht schwer.
Mit den Hän-den klapp, klapp, klapp, mit den Fü-ßen: tapp, tapp, tapp,
ein-mal hin, ein-mal her, rings-her-um, das fällt nicht schwer.

2. Ei, das hast du fein gemacht, ei, das hätt ich nicht gedacht,
einmal hin, einmal her, ringsherum, das fällt nicht schwer.
Mit dem Köpfchen nick, nick, nick,
mit den Fingerchen tick, tick, tick,
einmal hin, einmal her, rundherum, es ist nicht schwer.

3. Noch einmal dasselbe Spiel, weil es mir so gut gefiel,
einmal hin, einmal her, ringsherum, das fällt nicht schwer.
Mit den Händchen klapp, klapp, klapp,
mit den Füßen tapp, tapp, tapp,
einmal hin, einmal her, rundherum, das ist nicht schwer.

Thüringer Volksweise
(auch Duett aus der Oper „Hänsel und Gretel")
Text und Melodie: Engelbert Humperdinck (1893)

97

Ein Männlein steht im Walde

1. Ein Männ-lein steht im Wal-de ganz still und stumm,
es hat von lau-ter Pur-pur ein Mänt-lein um.
Sagt, wer mag das Männ-lein sein, das da steht im Wald al-lein,
mit dem pur-pur-ro-ten Män-te-lein?

2. Das Männlein steht im Walde auf einem Bein
und hat auf seinem Haupte schwarz Käpplein klein.
Sagt, wer mag das Männlein sein, das da steht im Wald allein,
mit dem kleinen, schwarzen Käppelein?

98

Auf unsrer Wiese gehet was

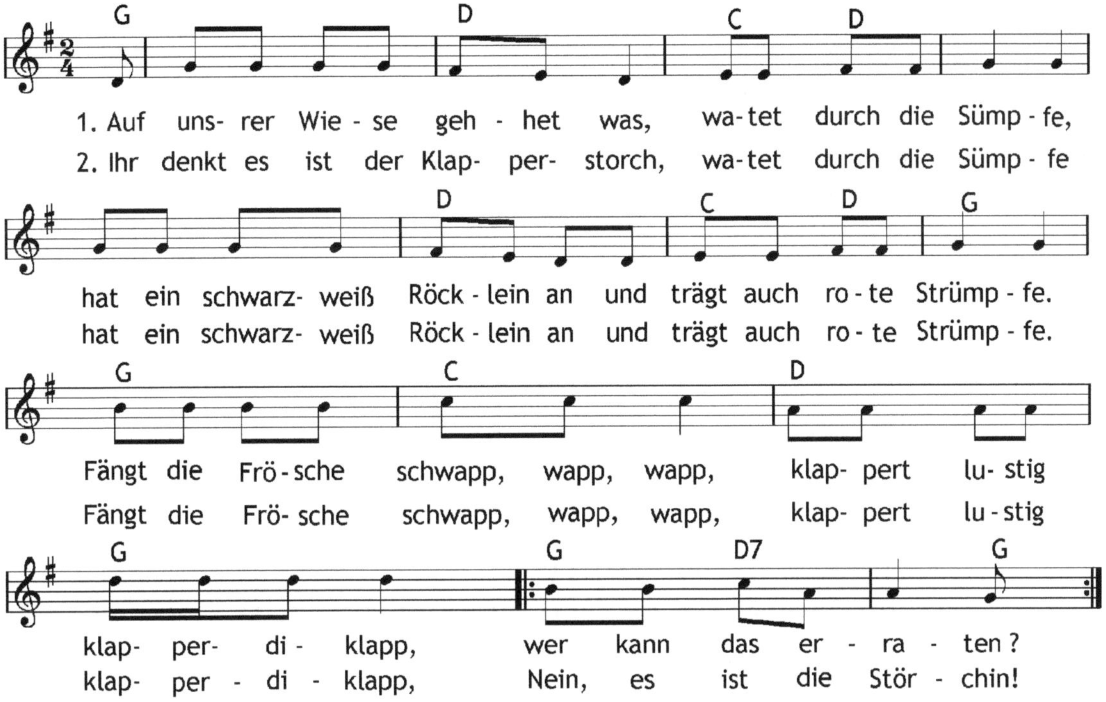

1. Auf uns- rer Wie - se geh - het was, wa-tet durch die Sümp - fe,
2. Ihr denkt es ist der Klap- per- storch, wa-tet durch die Sümp - fe

hat ein schwarz- weiß Röck - lein an und trägt auch ro - te Strümp - fe.
hat ein schwarz- weiß Röck - lein an und trägt auch ro - te Strümp - fe.

Fängt die Frö - sche schwapp, wapp, wapp, klap- pert lu - stig
Fängt die Frö- sche schwapp, wapp, wapp, klap- pert lu - stig

klap- per - di - klapp, wer kann das er - ra - ten?
klap- per - di - klapp, Nein, es ist die Stör - chin!

zwei Liederrätsel von Hoffmann von Fallersleben (1798-1874)

99

Die Vogelhochzeit

Vorsänger
1. Ein Vo- gel woll- te Hoch-zeit ma- chen in dem grü- nen Wal- de.

Alle
Fi - de- ral - la - la, Fi-de- ral - la- la, Fi -de- ral -la - la - la - la.

Fi- de - ral - la- la, Fi - de - ral - la - la, Fi - de - ral - la- la - la - la.

2. Die Nachtigall, sehr elegant, das war der Musje Bräutigam.

3. Die Amsel war die Braute, trug einen Kranz von Rauten.

4. Die Lerche, die Lerche, die führt die Braut zur Kerche.

5. Der Auerhahn, der Auerhahn, das war der würd'ge Herr Kaplan.

6. Die Meise, die Meise, die singt das Kyrieleise.

7. Der Wiedehopf, der Wiedehopf,
   der schenkt der Braut ein' Blumentopf.

8. Der Spatz, der kocht das Hochzeitsmahl,
   verzehrt die schönsten Bissen all.

9. Die Gänse und die Anten, das war'n die Musikanten.

10. Der Pfau mit seinem stolzen Schwanz,
    der führt die Braut zum ersten Tanz.

11. Der Kiebitz, der Kiebitz, der macht so manchen losen Witz.

12. Brautmutter war die Eule, nimmt Abschied mit Geheule.

13. Nun ist die Vogelhochzeit aus, und alle ziehen vergnügt nach Haus.

Volksweise (seit dem 17. Jahrhundert bekannt)

100

Fuchs, du hast die Gans gestohlen

1. Fuchs, du hast die Gans ge-stoh-len, gib sie wie-der her! Gib sie wie-der her! Sonst wird dich der Jä-ger ho-len mit dem Schieß-ge-wehr ___, sonst wird dich der Jä-ger ho-len mit dem Schieß-ge-wehr.

2. Seine große, lange Flinte
   schießt auf dich den Schrot, schießt auf dich den Schrot,
   |:dass dich färbt die rote Tinte und dann bist du tot.:|

3. Liebes Füchslein lass dir raten
   Sei doch nur kein Dieb, sei doch nur kein Dieb,
   |:nimm, du brauchst nicht Gänsebraten mit der Maus vorlieb.:|

Worte und Weise: Ernst Anschütz (1824)

101

Hänschen klein

1. Häns-chen klein ging al-lein in die wei-te Welt hi-nein.
Stock und Hut steht ihm gut, ist gar wohl-ge-mut.
A-ber Mut-ter wei-net sehr, hat ja nun kein Hän-schen mehr.
"Wünsch dir Glück", sagt ihr Blick, "kehr nur bald zu-rück!"

2. Sieben Jahr, trüb und klar, Hänschen in der Fremde war.
Da besinnt sich das Kind, eilet heim geschwind.
Doch nun ist's kein Hänschen mehr, nein ein großer Hans ist er,
braun gebrannt Stirn und Hand. Wird er wohl erkannt?

3. Eins, zwei, drei gehn vorbei, wissen nicht, wer das wohl sei.
Schwester spricht: „Welch Gesicht", kennt den Bruder nicht.
Doch da kommt das Mütterlein, schaut ihm kaum ins Aug hinein,
spricht sie schon: „Hans, mein Sohn! Grüß dich Gott, mein Sohn!"

Text: Fr. Wiedemann (1821-1882)
Melodie: „Alles neu macht der Mai"

Alles neu macht der Mai

1. Al-les neu macht der Mai, macht die See-le frisch und frei.
Lasst das Haus, kommt hin-aus, win-det ei-nen Strauß!
Rings er-glän-zet Son-nen-schein, duf-tend pran-gen Flur und Hain,
Vo-gel-sang, Hör-ner-klang, tönt den Wald ent-lang.

1.　Alles neu macht der Mai, macht die Seele frisch und frei.
Lasst das Haus, kommt hinaus, windet einen Strauß!
Rings erglänzet Sonnenschein, duftend prangen Flur und Hain,
Vogelsang, Hörnerklang tönt den Wald entlang.

2. Wir durchziehen Saaten grün, Haine, die ergötzend blüh'n,
Waldespracht, neu gemacht, nach des Winters Nacht.
Dort im Schatten an dem Quell, rieselnd munter, silberhell,
klein und groß ruht im Moos, wie im weichen Schoß.

3. Hier und dort, fort und fort, wo wir ziehen Ort für Ort,
alles freut sich der Zeit, die verjüngt, erneut.
Widerschein der Schöpfung blüht, uns erneuend im Gemüt.
Alles neu, frisch und frei macht der holde Mai.

Text: H. A. v. Kamp (1818)
Volksweise: „Fahret hin" (1710)

103

Hänsel und Gretel

1. Hän-sel und Gre-tel ver-lie-fen sich im Wald. Es war so fin-ster und auch so bit-ter kalt. Sie ka-men an ein Häus-chen von Pfef-fer-ku-chen fein. Wer wird der Herr wohl von die-sem Häus-chen sein?

2. Hu, hu, da schaut eine alte Hexe raus!
   lockte die Kinder ins Pfefferkuchenhaus.
   Sie stellte sich gar freundlich, o Hänsel, welche Not!
   ihn wollt' sie braten im Ofen braun wie Brot.

3. Doch als die Hexe zum Ofen schaut hinein,
   ward sie gestoßen von unserm Gretelein.
   Die Hexe musste braten, die Kinder geh'n nach Haus.
   Nun ist das Märchen von Hans und Gretel aus.

Weise: unbekannt, frei nach dem gleichnamigen Märchen

104

In meinem kleinen Apfel

1. In meinem kleinen Apfel, da sieht es lustig aus. Es sind darin fünf Stübchen, grad wie in einem Haus.

2. In jedem Stübchen wohnen
   zwei Kernchen schwarz und fein,
   Die liegen drin und träumen
   vom lieben Sonnenschein.

3. Sie träumen auch noch weiter
   gar einen schönen Traum,
   Wie sie einst werden hängen
   am lieben Weihnachtsbaum.

Text: Volkslied
Melodie: Wolfgang Amadeus Mozart (aus der Oper „Die Zauberflöte")

105

Grün, grün, grün sind alle meine Kleider

1. Grün, grün, grün sind al-le mei-ne Klei-der, grün, grün, grün ist al-les, was ich hab. Da-rum _ lieb ich, al-les was so grün ist, weil mein Schatz ein Jä-ger, Jä-ger ist.

2. Rot, rot, rot sind alle meine Kleider,
rot, rot, rot ist alles, was ich hab;
darum lieb ich alles, was so rot ist,
weil mein Schatz ein Rothusar ist.

3. Blau, blau, blau sind alle meine Kleider,
blau, blau, blau ist alles, was ich hab;
darum lieb ich alles, was so blau ist,
weil mein Schatz ein Matrose ist.

4. Weiß, weiß, weiß sind alle meine Kleider,
weiß, weiß, weiß ist alles, was ich hab;
darum lieb ich alles, was so weiß ist,
weil mein Schatz ein Bäcker ist.

5. Schwarz, schwarz, schwarz sind alle meine Kleider,
schwarz, schwarz, schwarz ist alles, was ich hab;
darum lieb ich alles, was so schwarz ist,
weil mein Schatz ein Schornsteinfeger ist.

6. Bunt, bunt, bunt sind alle meine Kleider,
bunt, bunt, bunt ist alles, was ich hab;
darum lieb ich alles, was so bunt ist,
weil mein Schatz ein Maler ist.

Aus Pommern (seit dem 17. Jh. bekannt)

Zeigt her eure Füße

1. Zeigt her eure Füße, zeigt her eure Schuh und sehet den fleißigen Waschfrauen zu. Sie waschen, sie waschen, sie waschen den ganzen Tag. Sie waschen, sie waschen, sie waschen den ganzen Tag.

2. Sie wringen, sie wringen, sie wringen den ganzen Tag.

3. Sie hängen, sie hängen, sie hängen den ganzen Tag.

4. Sie trocknen, sie trocknen, sie trocknen den ganzen Tag.

5. Sie schwatzen, sie schwatzen, sie schwatzen den ganzen Tag.

7. Sie ruhen, sie ruhen, sie ruhen den ganzen Tag.

8. Sie tanzen, sie tanzen, sie tanzen den ganzen Tag.

Volksweise

107

Komm, komm Engelein

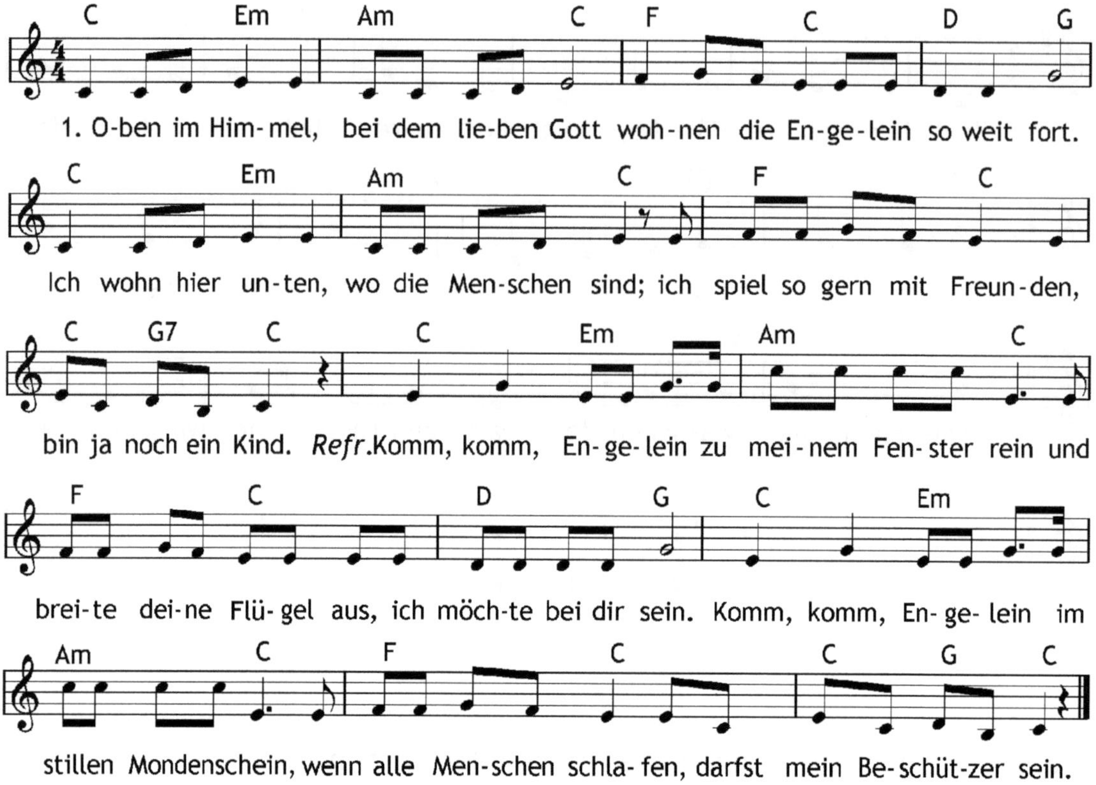

1. O-ben im Him-mel, bei dem lie-ben Gott woh-nen die En-ge-lein so weit fort. Ich wohn hier un-ten, wo die Men-schen sind; ich spiel so gern mit Freun-den, bin ja noch ein Kind. *Refr.* Komm, komm, En-ge-lein zu mei-nem Fen-ster rein und brei-te dei-ne Flü-gel aus, ich möch-te bei dir sein. Komm, komm, En-ge-lein im stillen Mondenschein, wenn alle Men-schen schla-fen, darfst mein Be-schüt-zer sein.

2. Wenn ich auch mal Angst hab, / bin ich doch nicht allein,
   denn ich weiß ja ganz genau: / du wirst bei mir sein.
   Ich weiß, wenn mir was weh tut, / wird es wieder gut,
   und wenn ich einmal traurig bin, / gibst du mir wieder Mut.
   Refrain: Komm, komm Engelein ...

3. Vor langer, langer Zeit, da / warst du beim Jesuskind,
   und halfst ihm auf die Welt zu kommen, / wo wir heut noch sind.
   Wir werden nie vergessen / heut und für alle Zeit,
   dass er für uns geboren ist - für alle weit und breit.
   Refrain: Komm, komm Engelein ...

Text und Melodie: Albrecht v. Blanckenburg
(Erstveröffentlichung 1997)

108

Trara, die Post ist da

1.-4. Tra-ra, die Post ist da. Tra-ra, die Post ist da 1. von wei-tem hört man schon den Ton, sein Lied-chen bläst der Post-til-lon. Er bläst aus vol-ler Keh-le, er bläst aus vol-ler See-le, 1.-4. Tra-ra, Tra-ra die Post ist da, Tra-ra die Post ist da.

2. O Postillon, nun sag mir schnell,
   was bringst du heute mir zur Stell'?
   Wer hat von unsern Lieben uns aus der Fern geschrieben?

3. Geduld, Geduld, gleich packt er aus,
   dann kriegt ein jeder in dem Haus
   die Briefe und die Päckchen, die Schachteln und die Säckchen.

4. Und wenn ihr's jetzt schon wissen müsst:
   der Onkel hat euch schön gegrüßt,
   wohl tausendmal und drüber, bald kommt er selber rüber.

mündlich überliefert

109

Peterzill und Suppenkrut

Pe- ter - zill und Sup - pen - krut, wast in un - sen Go - ren,
un - se Gre - te is ne Brut, sall nich lang mehr woh - ren,

dat se ma de Kark-hen geit, und den Rock in Fal - ten fleit.

Ro-den Win, wit-ten Win, mor-gen sall de Hoch- tid sin.

aus Holstein

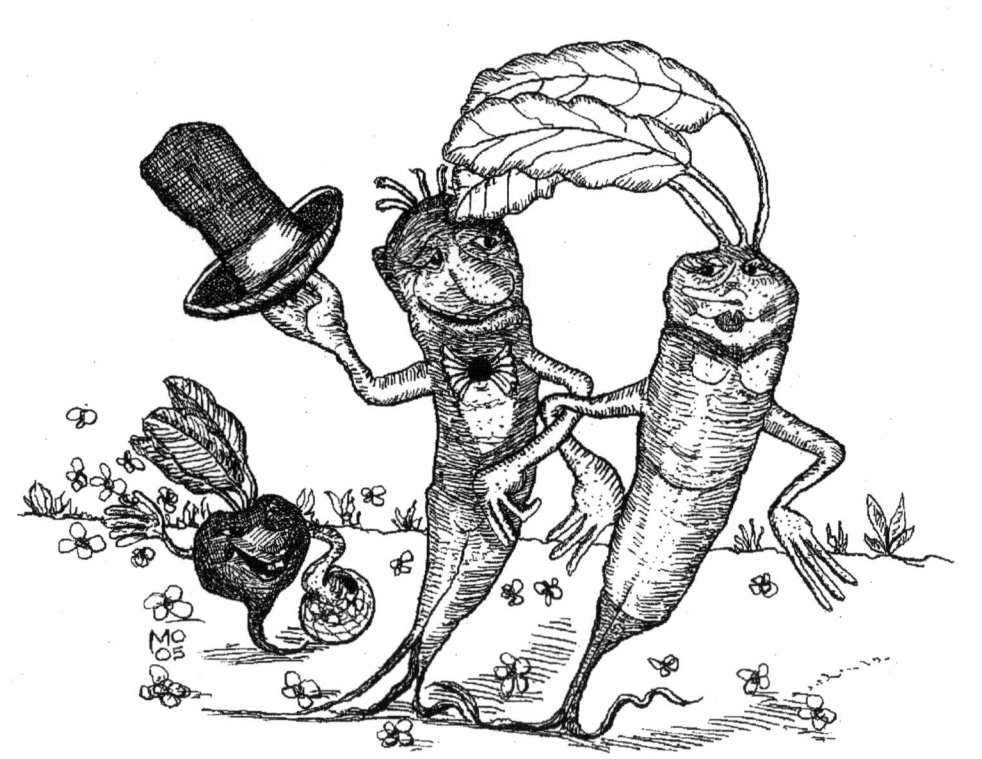

110

Rhabarber

1. In un- serm Gar- ten wächst es gut, es scheint so schön die Son-ne, und
al- le Pflänz- lein sind ver-gnügt, es lacht die Re- gen- ton- ne. Doch
ei- ner schmollt und är- gert sich, das ist doch son- nen- klar: Rha-
bar- ber heißt der gu - te Freund, ist sau- er je- des Jahr! Rha-
bar- ber heißt der gu - te Freund, ist sau - er je - des Jahr!

2. Ganz nebenan da wächst Salat, und macht sich breit und breiter,
und denkt, ja wachsen ist nicht schad, / denn wachsen ist so heiter.
Doch einer denkt, das ist egal, / das ist doch sonnenklar.
I:Rhabarber heißt der gute Freund, ist sauer jedes Jahr:I

3. Die lange Möhre lacht sehr viel, / bei gut und schlechtem Wetter,
ne' rote Nase hat sie schon, das macht sie um so netter.
Doch einen kennt sie, der ist keck, / das ist doch sonnenklar:
I:Rhabarber heißt der gute Freund, ist sauer jedes Jahr.:I

4. Die Erbsen kichern sich kaputt, die Glockenblume bimmelt,
die rote Kirsche ist fast reif, / und hofft, dass sie nicht schimmelt.
Doch einem war das schnurzegal, / das ist doch sonnenklar:
I:Rhabarber heißt der gute Freund, ist sauer jedes Jahr:I

5. Und ist er reif, kommt er zum Markt/ und liegt dort auf dem Tresen.
Die Marktfrau lacht und zählt das Geld, / daneben grinst der Besen.
Doch einer ist noch immer ernst, / das ist doch sonnenklar.
I:Rhabarber heißt der gute Freund, ist sauer jedes Jahr.:I

Text und Melodie: Albrecht v. Blanckenburg (2004)

111

Rote Wolken am Himmel

1. Ro - te Wol - ken am Him-mel auf den Ber-gen der Föhn, und ich freu mich, ja ich freu mich, dass die Er - de so schön.

2. Wilde Rosen am Hügel, Schwarze Beeren am Hag
   Und ich freu mich, ja ich freu mich auf den kommenden Tag.

3. Und sie sagen, der Herbst kommt und das Laub fällt vom Baum,
   und die Freude, ja, die Freude, erwacht wie im Traum.

4. Kommt der Herbst dann und der Winter, gibt es dennoch ein Glück;
   Denn ein jeder neuer Frühling bringt die Rosen zurück.

Volksweise

112

Saurierlied

(musical notation with chords Am, G, F, E, Am, G)

1. Es war ein - mal vor lan - ger Zeit, das Meer war groß das

(F, E, Am, G, F, E, Am, G)

Land war weit, da gab es noch die Sau- ri- er, die fra- ßen Bäu- me

(F, E, F, E, Dm, E7)

vol- ler Gier und wa - ren wirk - lich groß! Es paß - te kei - ne Hos.

(Am, G, F, E, Am, G)

Refr. Ta - rum, Ta - rum, Ta - rum, Ta - rum; die Sau - ri - er, die

(F, E, Dm, E, Dm, E7, Am)

stam-pfen rum und freu'n sich wie ein Kind, U- Aah, dass sie die grö- ßten sind.
(laut)

2. Es war einmal vor langer Zeit, / das Meer war groß, das Land war weit,
da legte heimlich und ganz frei, / ein Saurierweibchen schnell ein Ei.
Nach drei Jahrn brach ein Loch, /aus dem ein Dino kroch.
Tarum, Tarum, ...

3. Es war einmal vor langer Zeit, / das Meer war groß, das Land war weit,
da spielten Saurierkinder, / die waren groß wie Rinder,
und steckten große Brocken / in ihre Sauriersocken.
Tarum, Tarum, ...

4. Es war einmal vor langer Zeit, / das Meer war groß, das Land war weit.
Sie trampelten voll Freude rum, doch ihre Zeit ist leider um.
Wir seh'n das schöne Vieh, nur mit viel Phantasie.
Tarum, Tarum, ...

Text und Melodie: Albrecht v. Blanckenburg (2004)

113

Widewidewenne

1.-7. Wi - de - wi - de - wen - ne heißt mei - ne Put - hen - ne.

1. Kann - nicht - ruhn heißt mein Huhn, Wak - kel - schwanz heißt mei - ne Gans,

Wi - de - wi - de - wen - ne heißt mei - ne Put - hen - ne.

2. Schwarz und weiß heißt meine Geiß,
   Dreibein so heißt mein Schwein. Widewidewenne ...

3. Ehrenwert, so heißt mein Pferd,
   gute Muh heißt meine Kuh. Widewidewenne ...

4. Wettermann heißt mein Hahn,
   Kunterbunt heißt mein Hund. Widewidewenne ...

5. Guck heraus, heißt mein Haus,
   schlupf hinaus heißt meine Maus. Widewidewenne ...

6. Wohlgetan heißt mein Mann,
   Sausewind heißt mein Kind. Widewidewenne ...

7. Leberecht heißt mein Knecht,
   spat betagt heißt meine Magd. Widewidewenne ...

Schluss (gesprochen):
Nun kennt ihr mich mit Mann und Kind und meinem ganzen Hofgesind.

Aus Holstein

114

Die Affen rasen durch den Wald

Die Af-fen ra-sen durch den Wald, der ei-ne macht den
an-der'n kalt, die gan-ze Af-fen-ban-de brüllt. Wo ist die
Ko-kos-nuß, wo ist die Ko-kos-nuß, wer hat die Ko-kos-nuß ge-klaut

2. Die Affenmama sitzt am Fluss und angelt nach der Kokosnuss,
   die ganze Affenbande brüllt: ...

3. Der Affenonkel, welch ein Graus, reisst ganze Urwaldbäume aus,
   die ganze Affenbande brüllt: ...

4. Der Affenmilchmann, dieser Knilch, er lauert auf die Kokosmilch,
   die ganze Affenbande brüllt: ...

5. Der Elefant im Urwald spricht: hier in dem Dickicht ist sie nicht,
   die ganze Affenbande brüllt: ...

6. Die Affenbraut denkt selbst beim Kuss, nur immer an die Kokosnuss.
   Die ganze Affenbande brüllt: ...

7. Das Affenbaby voll Genuss hält in der Hand die Kokosnuss,
   die ganze Affenbande brüllt: „Da ist die Kokosnuss! Da ist die Kokosnuss!
   Es hat die Kokosnuss geklaut!"

8. Die Affenoma schreit: „Hurra! Die Kokosnuss ist wieder da"
   Die ganze Affenbande brüllt: „Da ist die Kokosnuss, da ist die Kokosnuss,
   Es hat die Kokosnuss geklaut".

9. Und die Moral von der Geschicht', klau keine Kokosnüsse nicht,
   weil sonst die ganze Bande brüllt: Wo ist die Kokosnuss?
   Wo ist die Kokosnuss? Wer hat die Kokosnuss geklaut?

Text und Melodie mündlich überliefert

115

In Peru, in Peru in den Anden

In Pe - ru, in Pe - ru in den An - den, flog 'ne Kuh, flog 'ne Kuh, konnt nicht lan - den. In Pe - ru, in Pe - ru in den An - den, flog 'ne Kuh, flog 'ne Kuh, konnt nicht lan - den.

2. I: Auf dem Berg, auf dem Berg saß ein Lama,
und verfolgte gespannt dieses Drama. :I

3. I: In der Nacht, in der Nacht kamen Diebe,
stahl'n der Kuh, stahl'n der Kuh das Getriebe :I

4. I: Und mit gro-, und mit großem Gebauze,
flog die Kuh, flog die Kuh auf die Schnauze. :I

Worte und Weise: mündlich überliefert

116

Zizambambula

1. Auf ei- nem Berg nicht weit von hier, Zi- zam - bam - bu- la, da
Was meinst du, wie der zau - bern kann, Zi - zam - bam- bu - la, er

leb - te einst ein Zau - ber- er, Zi - zam - bam - bu - la.
ist ein wah- rer Zau - ber- mann, Zi - zam - bam - bu - la.

Zi - zam - bam - bu, Zi - zam - bam - bu, bam - bu - la,

Zi - zam - bam - bu, Zi- zam - bam - bu-la! Zi - zam - bam - bu -la!

2. Er zaubert aus 'nem Elefant, Zizambambula,
   'nen Becher Jogurt hier ins Land, Zizambambula.
   Er macht aus einem Apfelbaum, Zizambambula,
   ne' Badewanne voller Schaum, Zizambambula.
   Refrain

3. Er hat 'nen großen Zauberhut, Zizambambula,
   ja jeder sagt: Der steht dir gut, Zizambambula.
   Da springt so manches Wunder raus, Zizambambula,
   mal ist's 'ne Kuh, mal ist's ne Maus, Zizambambula.
   Refrain

4. Er hat 'nen großen Zaubersack, Zizambambula,
   schaust du da rein, dann bist du platt, Zizambambula,
   denn drin sind viele lust'ge Sachen, Zizambambula,
   mit denen kann man Späße machen, Zizambambula.
   Refrain

Text und Musik: Albrecht v. Blanckenburg

Freude und Scherz

Auf de schwäbsche Eisenbahne

1. Auf de schwäb-sche Ei-sen-bah-ne gibt's gar vie-le Halt-sta-tio-ne,
Schtue-gart, Ulm und Bie-be-rach, Mek-ke-beu-re, Dur-les-bach.
Trul-la, Trul-la, Trul-la-la, Trul-la, Trul-la, Trul-la-la,
Schtue-gart, Ulm und Bi-be-rach, Mek-ke-beu-re, Dur-les-bach.

2. Auf de schwäbsche Eisenbahne
gibt's au viele Restauratione,
wo mer ess' ond trinka ka',
alles, was der Maga ma'.
Trulla, trulla …

3. Auf de schwäbsche Eisenbahne
braucht mer keine Postillone.
was uns sonst das Posthorn blies,
pfeifet jetzt die Lokomotiv.
Trulla …

4. Auf de schwäbsche Eisenbahne
könne Küh' ond Ochse fahre,
d' Studente fahre erste Klass,
s' mache das halt nur zum Spaß.
Trulla …

5. Auf de schwäbsche Eisenbahne
wollt amol e Bäuerle fahre,
geht am Schalter lüpft de Hut:
„E Billettle, send so gut!"
Trulla …

6. Eina Geiß hat er sich kaufet
ond dass er ihm net entlaufet,
bindet ihn der gute Ma,
hinte an de Wage na.
Trulla …

7. „Böckle, tue nuer woidle springe,
's Fresse wer' i dir scho bringe."
Zündt sei stinkichs Pfeifle a,
hockt si zu sei'm Weible na.
Trulla …

8. Wia der Zug no wieder staut,
   d'r Bauer noch sei'm Böckl
   schaut,
   find't er bloß no Kopf ond Seil
   an dem hintre Wagedoil.
   Trulla ...

9. 'S packt de Baure a Baurezore,
   packt de Geißbock bei de Ohre,
   schmeißt en, was er schmeiße ka,
   dem Konduktör an ,n Schädel na.
   Trulla ...

10. „So, jetz kannsch de Schade
    zahle,
    warum bisch so schnell au gfahre!
    du alloi bisch schuld do dra,
    dass i d' Goiß verlaure ha!"
    Trulla ...

11. Des isch des Lied von sellem
    Baure,
    der de Geißbock hat verlaure.
    Geißbock ond sei traurigs Ende':
    Himmel Schtuegart Sapperment.
    Trulla ...

12. So jetzt wär des Liedle g'songe,
    hätt's euch reacht in d'Ohre
    klonge,
    wer's no nit begreife ka,
    fang's no mal von vorne a!
    Trulla ...

Schwäbisches Volkslied

119

Froh zu sein, bedarf es wenig
Kanon zu vier Stimmen

Froh zu sein be - darf es we- nig, und wer froh ist, ist ein Kö-nig.

Text und Melodie: August Mühling

C - a - f - f - e - e
Kanon zu drei Stimmen

1. C - a - f - f - e - e, trink nicht so viel __ Caf - fee,

2. Nicht für Kin - der ist der Tür - ken - trank,

schwächt die Ner - ven, macht dich blaß __ und __ krank,

3. sei doch kein Mu - sel - mann, der ihn nicht las - sen kann!

Karl Gottlieb Hering (1766-1853)

120

Bolle reiste jüngst zu Pfingsten

1. Bol- le reis- te jüngst zu Pfing- sten, nach Pan-kow war sein Ziel.
da ver- lor er sei- nen Jüng- sten ganz plötz- lich im Je- wühl.

'Ne vol- le hal- be Stun- de hat er nach ihm ge - spürt; a- ber

den- noch hat sich Bol - le janz köst - lich a - mü- siert.

2. In Pankow gab's kein Essen, in Pankow gab's kein Bier,
war alles aufgefressen von fremden Gästen hier.
Nicht mal 'ne Butterstulle hat man ihm reserviert,
|: aber dennoch hat sich Bolle janz köstlich amüsiert.:|

3. Auf der Schöneholzer Heide, da gab's 'ne Keilerei,
und Bolle gar nicht feige, war feste mang dabei.
Hat's Messer rausgezogen und fünfe massakriert,
|: aber dennoch hat sich Bolle janz köstlich amüsiert.:|

4. Es fing schon an zu tagen, als er sein Heim erblickt.
Sein Rock war ohne Kragen, sein Nasenbein zerknickt,
die Ärmel war'n zerrissen, die Augen marmoriert,
|: aber dennoch hat sich Bolle janz köstlich amüsiert. :|

5. Als er nach Haus gekommen, da ging's ihm aber schlecht;
da hat ihn seine Olle janz fürchterlich verdrescht.
Drei volle Viertelstunden hat sie auf ihm poliert,
|: aber dennoch hat sich Bolle janz köstlich amüsiert.:|

mündlich überliefert aus dem alten Berlin

Freut euch des Lebens

1. Freut euch — des Le - bens, weil noch — das Lämp - chen glüht; pflü - cket — die Ro - se, eh sie — ver - blüht! Man schafft so gern sich Sorg und Müh', sucht Dor-nen auf — und fin- det sie und läßt das Veil-chen un-be-merkt, das uns — am We - ge blüht.

Da Capo al Fine

2. Wenn scheu die Schöpfung sich verhüllt,
   und laut der Donner ob uns brüllt,
   so lacht am Abend nach dem Sturm
   die Sonne uns so schön.

3. Wer Neid und Missgunst sorgsam flieht
   und G'nügsamkeit im Gärtchen zieht,
   dem schießt sie schnell zum Bäumchen auf,
   das goldne Früchte trägt.

4. Wer Redlichkeit und Treue übt,
   und gern dem ärmeren Bruder gibt,
   da siedelt sich Zufriedenheit
   so gerne bei ihm ein.

5. Und wenn der Pfad sich furchtbar engt,
   und Missgeschick uns plagt und drängt,
   so reicht die Freundschaft schwesterlich,
   dem Redlichen die Hand.

6. Sie trocknet ihm die Tränen ab
   und streut ihm Blumen bis ans Grab;
   sie wandelt Nacht in Dämmerung
   und Dämmerung in Licht.

7. Sie ist des Lebens schönstes Band:
   Schlagt, Brüder, traulich Hand in Hand!
   So wallt man froh, so wallt man leicht
   ins bess're Vaterland.

Text: Martin Usteri (1793)
Melodie: Hans Georg Nägeli (1793)

Freude, schöner Götterfunken

1. Freu - de schö - ner Göt - ter - fun - ken, Toch - ter aus E - ly - si - um.
Wir be - tre - ten feu - er - trun - ken, Himm - li - sche, dein .....

Hei - lig - tum. Dei - ne Zau - ber bin - den wie - der, was die Mo - de

streng ge-teilt; al-le Men-schen wer-den Brü-der, wo dein sanf- ter Flü-gel weilt.

2. Wem der große Wurf gelungen, eines Freundes Freund zu sein,
   wer ein holdes Weib errungen, mische seinen Jubel ein!
   Ja — wer auch nur eine Seele sein nennt auf dem Erdenrund!
   Und wer's nie gekonnt, der stehle weinend sich aus diesem Bund.

3. Freude heißt die starke Feder in der ewigen Natur.
   Freude, Freude treibt die Räder in der großen Weltenuhr.
   Blumen lockt sie aus den Keimen, Sonnen aus dem Firmament,
   Sphären rollt sie in den Räumen, die des Sehers Rohr nicht kennt.

Text: Friedrich von Schiller (1759-1805)
Melodie: Ludwig van Beethoven (1770-1827)

124

Ein Jäger längs dem Weiher ging

1. Ein Jä-ger längs dem Wei-her ging, lauf, Jä-ger, lauf! Die Däm-me-rung den Wald um-fing. 1.-8. Lauf, Jä-ger, lauf, Jä-ger, lauf, lauf, lauf, mein lie-ber Jä-ger, gu-ter Jä-ger lauf, lauf, lauf, mein lie-ber Jä-ger lauf! Mein lie-ber Jä-ger lauf.

2. „Was raschelt in dem Grase dort?" Lauf, Jäger, lauf!
   „Was flüstert leise fort und fort?" Lauf, Jäger, lauf, Jäger ...
3. Ein Häschen spielt im Mondenschein, lauf, Jäger, lauf!
   Ihm leuchten froh die Äugelein. Lauf, Jäger, lauf, Jäger ...
4. „Was ist das für ein Untier doch!" Lauf, Jäger, lauf!
   „Hat Ohren wie ein Blocksberg hoch!" Lauf, Jäger, lauf, Jäger ...
5. „Das muss fürwahr ein Kobold sein," Lauf, Jäger, lauf!
   „Hat Augen wie Karfunkelstein!" Lauf, Jäger, lauf, Jäger ...
6. Der Jäger furchtsam um sich schaut, Lauf, Jäger, lauf!
   „Jetzt gilt es wagen, o mir graust!" Lauf, Jäger, lauf, Jäger ...
7. O, Jäger, lass die Büchse ruh'n. Lauf, Jäger, lauf!
   Das Tier könnt' dir ein Leid antun. Lauf, Jäger, lauf, Jäger ...
8. Der Jäger lief zum Wald hinaus, Lauf, Jäger, lauf!
   Verkroch sich flink im Jägerhaus, Lauf, Jäger, lauf, Jäger ...
9. Das Häschen spielt im Mondenschein, Lauf, Jäger, lauf!
   Ihm leuchten froh die Äugelein, Lauf, Jäger, lauf, Jäger ...

Rheinländische Volksweise
Text und Melodie: A.W. Florentin von Zuccalmaglio (1803-1869)

Ein Schneider fing'ne Maus

1. Ein Schnei-der fing 'ne Maus, ein Schnei-der fing 'ne Maus, ein Schnei-der fing 'ne Mi - Ma - Maus, Mi - Ma - Mau - se - Maus, ein Schnei- der fing 'ne Maus.

2. Was macht er mit der Maus ? ... Mi, Ma, Maus, Mi, Ma, Mause-Maus ...
3. Er zieht ihr ab das Fell. ... Mause-Fell, Mi-Ma-Mause-Fell ...
4. Was macht er mit dem Fell? ... Mause-Fell, Mi-Ma-Mause-Fell ...
5. Er näht sich einen Sack ... Mause-Sack, Mi-Ma-Mause-Sack ...
6. Was macht er mit dem Sack? ... Mause-Sack, Mi-Ma-Mause-Sack ...
7. Er tut hinein sein Geld ... Mause-Geld, Mi-Ma-Mause-Geld ...
8. Was macht er mit dem Geld? ... Mause-Geld, Mi-Ma-Mause-Geld ...
9. Er kauft sich einen Bock ... Mause-Bock, Mi-Ma-Mause-Bock ...
10. Was macht er mit dem Bock? ... Mause-Bock, Mi-Ma-Mause-Bock ...
11. Er reitet durch die Welt... Mause-Welt, Mi-Ma-Mause-Welt ...
12. Was macht er in der Welt? ... Mause-Welt, Mi-Ma-Mause-Welt ...
13. Er wird ein großer Held. ... Mause-Held, Mi-Ma-Mause-Held ...

mündlich überliefert (19. Jh.)

Himmel und Erde, die müssen vergehn
Kanon zu drei Stimmen

Him - mel und Er - de, die müs - sen ver - gehn,

a - ber die Mu - si - ci, a - ber die Mu - si - ci,

a - ber die Mu - si - ci blei - ben be - stehn.

Text und Melodie mündlich überliefert

Heut kommt der Hans zu mir
Kanon zu drei Stimmen

Heut kommt der Hans zu mir, freut sich die Lies'. Ob er a-ber ü-ber

O - ber - am- mer - gau, o-der a-ber ü-ber Un - ter - am- mer- gau,

o-der a - ber ü-ber- haupt nicht kommt, ist nicht ge-wiß.

Volkstümlich (19. Jh.)

In einem Dorf im Schwabenland

1. In ei-nem Dorf im Schwa-ben-land, Schwa-ben-land da lebt, uns al-len wohl-be-kannt, wohl-be-kannt, da wohnt in ei-nem Häus-chen klein, das ar-me Dorf-schul-mei-ster-lein ___ da lebt in ei-nem Häus-chen klein, das ar-me Dorf-schul-meis-ter-lein.

2. Des Sonntags ist er Organist,
   des Montags fährt er seinen Mist,
   |: des Dienstags hütet er die Schwein,
   das arme Dorfschulmeisterlein. :|

3. Des Mittwochs fährt er in die Stadt
   und kauft, was er zu kaufen hat,
   |: 'nen halben Hering kauft er ein,
   das arme Dorfschulmeisterlein. :|

4. Des Donnerstags geht er in die Schul'
   und legt die Buben über'n Stuhl.
   |: Er haut so lange, bis sie schrein,
   das arme Dorfschulmeisterlein. :|

5. Des Freitags dann im Unterricht
   erzählt er von der Weltgeschicht
   |: und paukt die Jahreszahlen ein,
   das arme Dorfschulmeisterlein. :|

6. Und wenn im Dorfe Hochzeit ist,
   dann könnt ihr sehen, wie er frisst.
   |: Was er nicht frisst, das steckt er ein,
   das arme Dorfschulmeisterlein. :|

7. Und wird im Dorf ein Kind getauft,
   dann könnt ihr sehen, wie er sauft.
   |: Elf Halbe schüttet er sich ein,
   das arme Dorfschulmeisterlein. :|

8. Und wird im Dorf ein Schwein geschlacht't,
   dann könnt ihr sehen, wie er lacht.
   |: Die größte Wurst ist ihm zu klein,
   das arme Dorfschulmeisterlein. :|

9. Und wenn's im Dorfe einmal brennt,
   dann könnt ihr sehen, wie er rennt;
   |: die nächste Ecke rennt er ein,
   das arme Dorfschulmeisterlein. :|

129

In einen Harung

1. In ei - nen Ha- rung jung und schlank, zwo, drei, vier, ssss, ta, ta, ti - ral - la - la, der auf dem Mee - res - grun - de schwamm, zwo, drei, vier, ssss, ta, ta, ti - ral - la - la, ver - lieb - te sich oh Wun - der, 'ne ol-le Flun-der, 'ne ol-le Flun-der, ver- lieb - te sich oh Wun-der, 'ne ol-le Flu - un - der

2. Der Harung sprach, „Du bist verrückt,
   zwo, drei vier, sssstata, tirallala,
   du bist mir viel zu platt gedrückt,
   zwo, drei vier, sssstata, tirallala."
   Rutsch mir den Buckel runter,
   du olle Flunder, du olle Flunder.
   Rutsch mir den Buckel runter, du olle Flu-u-nder.

3. Da stieß die Flunder auf den Grund,
   zwo, drei vier, sssstata, tirallala,
   wo sie ein großes Goldstück fund,
   zwo, drei vier, sssstata, tirallala,
   ein Goldstück von zehn Rubel,
   o welch ein Jubel, o welch ein Jubel.
   ein Goldstück von zehn Rubel, o welch ein Ju-u-bel.

130

4. Da war die olle Schrulle reich,
   zwo, drei vier, sssstata, tirallala,
   da nahm der Harung sie sogleich,
   zwo, drei vier, sssstata, tirallala,
   denn so ein alter Harung,
   der hat Erfahrung, der hat Erfahrung.
   denn so ein alter Harung, der hat Erfa-ah-rung.

5. Und die Moral von der Geschicht? zwo, drei
   vier, sssstata, tirallala,
   verlieb dich in 'nen Harung nicht, zwo, drei
   vier, sssstata, tirallala,
   denn so ein alter Harung,
   der hat Erfahrung, der hat Erfahrung.
   denn so ein alter Harung, der hat Erfa-ah-rung.

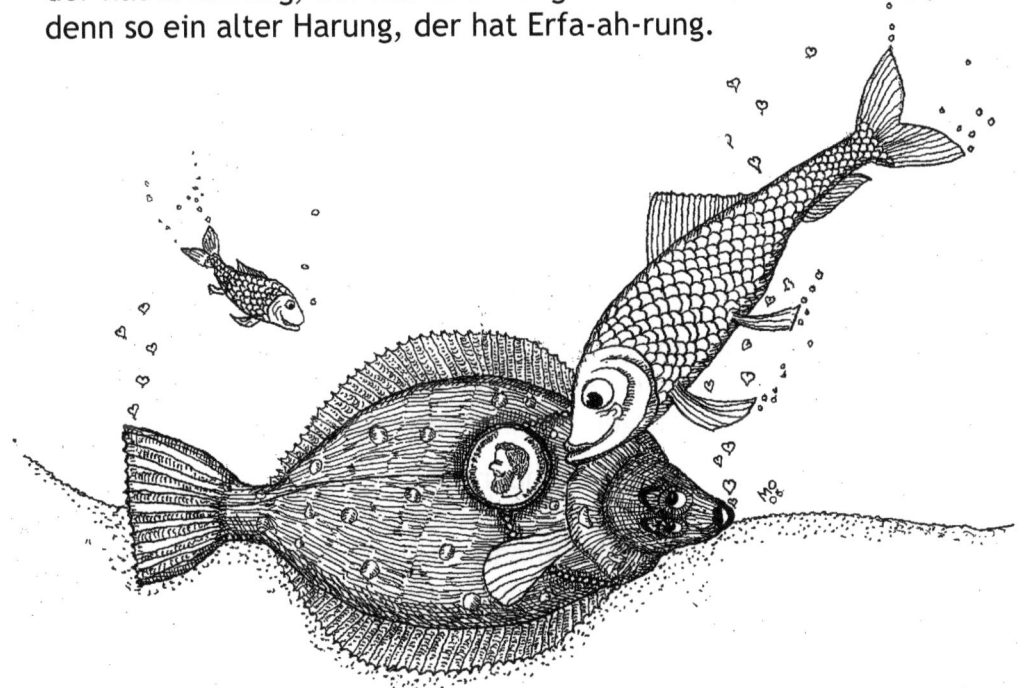

Ich bin die kleine Nienburgerin

1. Ich bin die klei-ne Nien-bur-ger, Nien-bur-ger-in.
Hab' so'n klein Hüt-chen auf, mit so viel Blüm-chen drauf, ich
bin die klei-ne Nien-bur-ger, Nien-bur-ger-in.

2. Ick bin dei ole Kalenbarger, Kalenbarger Bur.
Hew sau'n ol'n Deiwitz up, mit sau viel Builen drup.
Ick bin dei ole Kalenbarger, Kalenbarger Bur.

3. Ich bin die kleine Nienburger, Nienburgerin.
Hab' so'n schön Kleidchen an, mit so viel Spitzen dran,
Ich bin die kleine Nienburger, Nienburgerin.

4. Ich bin dei ole Kalenbarger, Kalenbarger Bur.
Hew sau'n ole Böxen an, mit sau veel Flicken dran.
Ick bin dei ole Kalenbarger, Kalenbarger Bur.

5. Ich bin die kleine Nienburger, Nienburgerin.
Hab' so'n schön Schürzchen an, mit so viel Blümchen dran,
ich bin die kleine Nienburger, Nienburgerin.

6. Ick bin dei ole Kalenbarger, Kalenbarger Bur.
Hew sau'n ole Jacken an, mit sau veel Lappen dran.
Ick bin dei ole Kalenbarger, Kalenbarger Bur.

7. Ich bin die kleine Nienburger, Nienburgerin.
Hab' solch klein Schühchen an, mit so viel Schleifchen dran,
Ich bin die kleine Nienburger, Nienburgerin.

8. Ick bin dei ole Kalenbarger, Kalenbarger Bur.
Hew sau ol Stewel an, mit sau veel Kauhdreck dran.
Ick bin dei ole Kalenbarger, Kalenbarger Bur.

Volksweise aus Hannover

132

Kennt ji al dat nije Leed

1. Kennt ji al dat ni - je Leed, ni - je Leed, ni - je Leed,
kennt je al dat ni - je Leed von Herrn Pa - stor sien Koh? ____
Sing man to, sing man to, von Herrn Pa - stor sien Koh, jo, jo,
sing man to, sing man to, von Herrn Pa - stor sien Koh.

2. Ostern weer se dick und drall, Pings'n leeg se doot in' Stall, *von Herrn...*

3. As se weer in Stücken sneden, hett dat ganze Dörp wat kregen, *von Herrn...*

4. Un de Köster Dümelank kreeg den Steert as Klockenstrang, *von Herrn...*

5. Un Jehann, de Smidgesell, kreeg en nijes Schortenfell, *von Herrn...*

6. Un de niie Füerwehr kreeg'n Pott vull Wagensmeer, *von Herrn...*

7. Un de ole Englischmiss kreeg en nijes Tähngebiss, *von Herrn...*

8. Sleswig-Holsteen meerumschlungen, hannelt nu mit Ossentungen, *von Herrn...*

9. För den armen Dodengräwer, bleef rein nix to grawn öwer, *von Herrn...*

10. De Seel de sweew dem Himmel to, denn't weer ja ne Pastorenkoh, *von Herrn...*

Volksweise aus Mecklenburg und Schleswig-Holstein, überliefert (1840)

133

Oh, du lieber Augustin

1. Oh, du lie-ber Au-gu-stin, Au-gu-stin, Au-gu-stin,
oh, du lie-ber Au-gu-stin, al-les ist hin.
Geld ist weg, Mäd'l ist weg, al-les weg, al-les weg,
Oh du lie-ber Au-gu-stin, al-les ist hin.

2. Oh, du lieber Augustin, Augustin, Augustin,
Oh, du lieber Augustin, alles ist hin.
Rock ist weg, Stock ist weg,
Augustin liegt im Dreck.
Oh, du lieber Augustin, alles ist hin.

3. Oh, du lieber Augustin, Augustin, Augustin,
Oh, du lieber Augustin, alles ist hin.
Geld ist weg, o du Schreck,
das ist schlecht und nicht recht.
Oh, du lieber Augustin, alles ist hin.

Text und Melodie: Marx Augustin (1679)

134

Wenn der Pott aber nu en Loch hat

1. "Wenn der Pott a-ber nun ein Loch hat, lie- ber Hein- rich, lie- ber Hein-rich?"

"Stopp's zu, lie-be, lie-be Lie - se, lie-be Lie - se, stopp's zu! "

2. „Womit soll ich's aber zustoppen, lieber Heinrich, lieber Heinrich?"
   „Mit Stroh, liebe, liebe Liese, liebe Liese, mit Stroh".

3. „Wenn das Stroh aber nu zu lang ist, lieber Heinrich, lieber Heinrich?"
   „Hack's ab, liebe, liebe Liese, liebe Liese, hack's ab."

4. „Womit soll ich's aber abhack'n, lieber Heinrich, lieber Heinrich?"
   „Mit'm Beil, liebe, liebe Liese, liebe Liese, mit'm 'Beil."

5. „Wenn das Beil aber nu zu stumpf ist, lieber Heinrich, lieber Heinrich?"
   „Mach's scharf, liebe, liebe Liese, liebe Liese, mach's scharf."

6. „Womit soll ichs denn aber scharf machen, lieber Heinrich, lieber Heinrich?"
   „Mit 'nem Stein, liebe, liebe Liese, liebe Liese, mit 'nem Stein."

7. „Wenn der Stein aber nu zu trocken ist, lieber Heinrich, lieber Heinrich?"
   „Mach ihn nass, liebe, liebe Liese, liebe Liese, mach ihn nass."

8. „Womit soll ich ihn aber nassmachen, lieber Heinrich, lieber Heinrich?"
   „Mit Wasser, liebe, liebe Liese, liebe Liese, mit Wasser."

9. „Womit soll ich Wasser holen, lieber Heinrich, lieber Heinrich?"
   „Mit'm Pott, liebe, liebe Liese, liebe Liese, mit'm Pott."

Volksweise (19. Jh.)

135

Wir sind zwei Musikanten

Wir sind zwei Mu-si-kan-ten und komm'n aus Schwa-ben-land. "Ihr
(Zwei Musikanten)   (Alle)

seid zwei Mu-si-kan-ten und kommt aus Schwa-ben-land." 1. Wir kön-nen

spie-len, "Ihr könnt spie-len," auf der Vi-o-lin,

"auf der Vi-o-lin," Sim-sim-se-rim, Sim-sim-se-rim, Sim-sim-se-rim, Sim-

sim. "Sim-sim-se-rim, Sim-sim-se-rim, Sim-sim-se-rim, Sim-sim."

2. ... auf der Trompete, ... *auf der Trompete,* – tengtengtereng,
   tengtengtereng.

3. ... auf der Posaune, ... *auf der Posaune,* – pumpumperum,
   pumpumperum.

4. ... auf der Pauke, ... *auf der Pauke,* – berumbumbum,
   berumbumbum.

5. ... auf der Klarinette, ... *auf der Klarinette,* – tütütütü,
   tütütütü.

6. ... auf dem Klavier, ... *auf dem Klavier,* – dideldidi,
   dideldidi.

7. ... auf der Flöte, ... *auf der Flöte,* – *(die Melodie pfeifen).*

8. ... auf dem Kontrabass, ...*auf dem Kontrabass* –
   schrumschrumscherum, *schrumschrumscherum.*

Volksweise aus Schlesien

136

Von der Liebe

Ach wie ist's möglich dann

1. Ach, wie ist's mög - lich dann, dass ich dich las - sen kann!
Hab dich von Her - zen lieb, das glau - be mir.
Du hast die See - le mein so ganz ge - nom - men ein,
dass ich kein An - dre lieb, als dich al - lein.

2. Blau ist ein Blümelein,
das heißt Vergissnichtmein;
Leg' es an's Herze dein
und denk' an mich!
Stirbt Blüt und Hoffnung gleich,
wir sind an Liebe reich,
denn die stirbt nie bei mir,
das glaube mir!

3. Wär' ich ein Vögelein,
wollt' ich bald bei dir sein,
scheut' Falk und Habicht nicht,
flög' schnell zu dir.
Schöß' mich ein Jäger tot,
fiel ich in deinen Schoß;
säh'st du mich traurig an,
gern stürb' ich dann!

Melodie: Georg Heinrich Lux oder Friedrich Silcher (1827)
Helmina von Chezy (1824)

Das Lieben bringt groß Freud

1. Das Lie-ben bringt groß Freud. Es wis-sens al-le Leut. Weiß mir ein schö-nes Schät-ze-lein, mit zwei schwarz-brau-nen Äu-ge-lein, die mir, die mir, die mir mein Herz er-freut.

2. Sie hat schwarzbraunes Haar, dazu zwei Äuglein klar.
   Ihr sanfter Blick, ihr süßer Mund,
   hat mir das Herz im Leib verwund't.
   Hat mir, hat mir, das Herz im Leib verwund't.

3. Ein Brieflein schrieb sie mir, ich sollt' treu bleiben ihr.
   Drauf schickt ich ihr ein Sträußelein,
   schön Rosmarin, brauns Nägelein,
   sie soll, sie soll, sie soll mein eigen sei.

4. Mein eigen soll sie sein, kein'm andern mehr als mein.
   Und so leben wir in Freud und Leid,
   bis uns Gott, der Herr, auseinander scheidt.
   Ade, ade, ade mein Schatz, ade!

Schwäbisches Volkslied

138

Dat du min Leevsten büst

1. Dat du min Leev - sten büst, dat du wol weeßt !
Kumm bi de Nacht, kumm bi de Nacht, segg wo du heest ! ____
Kumm bi de Nacht, kumm bi de Nacht, segg wo du heest !

2. Kumm du üm Middernacht, kumm du Klock een!
Vader slöpt, Moder slöpt, ick slap alleen.

3. Klopp an de Kammerdör, fat an de Klink!
Vader meent, Moder meent, dat deit de Wind!

4. Kummt denn de Morgenstund, kreiht de ol Hahn.
Leevster min, Leevster min, denn mösst du gahn!

5. Sachen den Gang henlank, lies mit de Klink!
Vader meent, Moder meent, dat deit de Wind.

Volkslied aus Schleswig-Holstein (1845)

139

Der treue Husar

1. Es war ein-mal ____ ein treu-er Hu-sar, der liebt' ein
Mädchen ein gan-zes Jahr. Ein gan-zes Jahr und noch viel
mehr, die Lie-be nahm ____ kein En - de mehr.

2. Und als man ihm die Botschaft bracht',
dass sein Herzliebchen am Sterben lag,
da ließ er all sein Hab und Gut
und eilte seinem Herzliebchen zu.

3. Ach Mutter bring' geschwind ein Licht,
mein Liebchen stirbt, ich seh es nicht,
das war fürwahr ein treuer Husar,
der liebte sein Mädchen ein ganzes Jahr.

Volksweise (überliefert)

140

Ein Jäger aus Kurpfalz

1. Ein Jä-ger aus Kur-pfalz, der rei-tet durch den grü-nen Wald und schießt sein Wild da-her, gleich wie es ihm ge-fällt. Ju ja, ju ja! Gar lu-stig ist die Jä-ge-rei all-hier auf grü-ner Heid, all-hier auf grü-ner Heid.

2.   Auf, sattelt mir ein Pferd und legt darauf mein'n Mantelsack,
so reit ich hin und her als Jäger aus Kurpfalz.
Trari, trara, gar lustig ist die Jägerei
allhier auf grüner Heid, allhier auf grüner Heid.

3. Hubertus auf der Jagd, der schoss ein' Hirsch und einen Has',
der traf ein Mägdlein an und das war achtzehn Jahr!
Trari, trara, gar lustig ist die Jägerei
allhier auf grüner Heid, allhier auf grüner Heid.

4. Jetzt reit ich nicht mehr heim bis dass der Kuckuck 'kuckuck' schreit;
er schreit die ganze Nacht allhier auf grüner Heid.
Trari, trara, gar lustig ist die Jägerei
allhier auf grüner Heid, allhier auf grüner Heid.

Text und Melodie: Martianus Klein (1772)
aus dem Hunsrück

141

Es dunkelt schon in der Heide

1. Es dun-kelt schon in der Hei - de, nach Hau - se laß uns gehn. Wir

ha - ben das Korn ge- schnit - ten mit uns` - rem blan - ken Schwert.

2. Ich hört' ein Sichelein rauschen, wohl rauschen durch das Korn.
   Ich hörte mein Feinslieb klagen, sie hätt' ihre Lieb verlorn.

3. Hast Du dein Lieb verloren, so hab ich noch das mein,
   so wollen wir beide mit'nander uns winden ein Kränzelein.

4. Ein Kränzelein von Rosen, ein Sträußelein von Klee,
   zu Frankfurt auf der Brücke, da liegt ein tiefer Schnee.

5. Der Schnee, der ist zerschmolzen, das Wasser läuft dahin,
   kommst du mir aus den Augen, kommst mir nicht aus dem Sinn.

6. In meines Vaters Garten, da steh'n zwei Bäumelein,
   das eine trägt Muskaten, das and're Braunnägelein.

7. Muskaten, die sind süße, Braunnägelein sind schön,
   wir beide müssen uns scheiden, ja scheiden, das tut weh.

Volksweise (seit dem 17. Jahrhundert bekannt)
aus Ostpreußen

142

Gold und Silber lieb ich sehr

1. Gold und Sil-ber lieb ich sehr, kann's wohl auch ge-brau-chen;
hätt ich doch ein gan-zes Meer, mich da-rein zu tau-chen.
Braucht ja nicht ge-prä-get sein, hab's auch so ganz ger-ne,
sei's des Mon-des Sil-ber-schein, sei's das Gold der Ster-ne,
sei's des Mon-des Sil-ber-schein, sei's das Gold der Ster-ne.

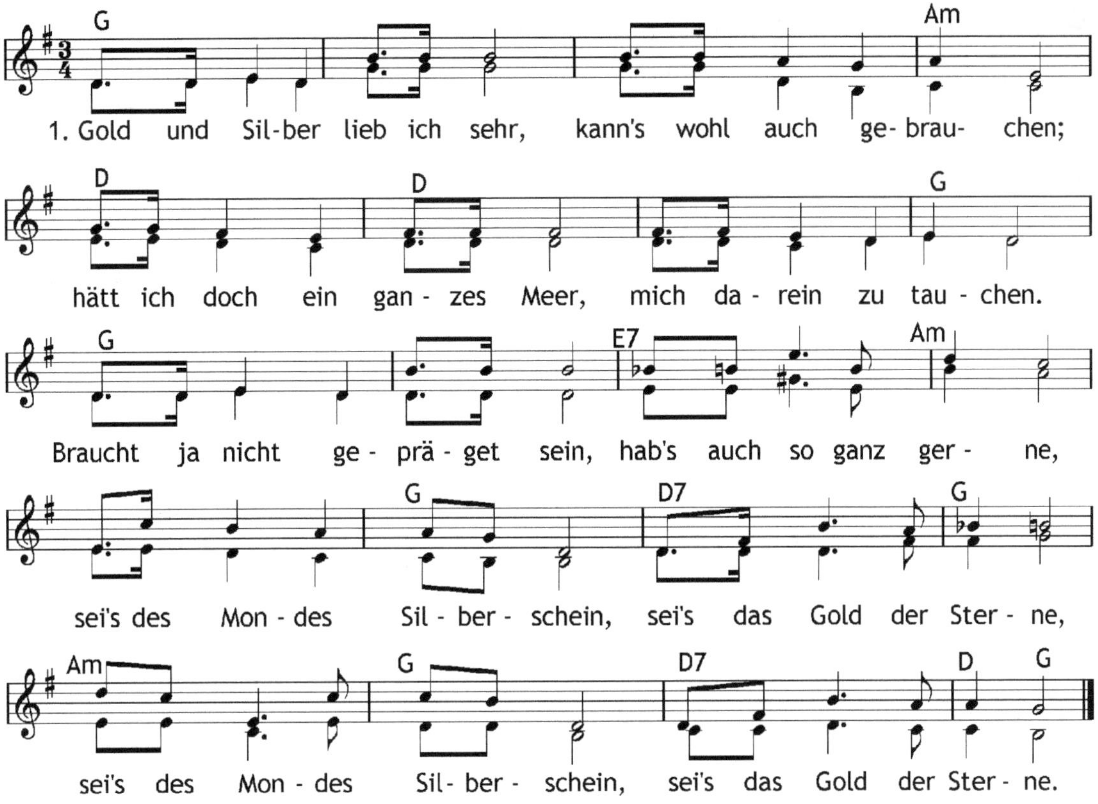

2. Doch viel schöner ist das Gold, / das vom Lockenköpfchen
meines Liebchens niederrollt / in zwei blonden Zöpfchen.
Darum du, mein liebes Kind, / lass uns herzen, küssen,
bis die Locken silbern sind / und wir scheiden müssen.

3. Seht, wie blinkt der goldne Wein / hier in meinem Becher;
horcht, wie klingt so silberrein / froher Sang der Zecher!
Dass die Zeit einst golden war, / will ich nicht bestreiten,
denk ich doch im Silberhaar, / gern vergangner Zeiten.

Text: nach August Schnetzler (1828)
Melodie: nach Friedr. Hieronymus Truhn (1835)

143

Hab oft im Kreis der Lieben

1. Hab oft im Krei-se der Lie - ben, im_ duf - ti- gem Gra - se ge-
ruht und mir ein Lied-chen ge - sun - gen und_ al - les war wie - der
gut. Und mir ein Lied - chen ge - sun - gen und al - les war wie - der
gut, und al - les, al - les und al - les war wie- der gut.

2. Hab' einsam auch mich gehärmet
   in langem, düsterem Mut
   |: und habe wieder gesungen,
   und alles war wieder gut, :|
   Und alles, alles,
   und alles war wieder gut.

3. Und manches, was ich erfahren,
   verkocht' ich in stiller Wut,
   |: und kam ich wieder zu singen,
   war alles auch wieder gut, :|
   war alles, alles,
   war alles auch wieder gut.

4. Sollst uns nicht lange klagen,
   was alles dir wehe tut.
   |: Nur frisch, nur frisch gesun-
   gen,
   und alles wird wieder gut, :|
   und alles, alles
   und alles wird wieder gut.

Melodie: Friedrich Silcher (1781-1838)
Text: Adalbert von Chamisso (1829)

144

Horch, was kommt von draußen rein?

1. Horch, was kommt von drau- ßen rein?
Wird wohl mein Feins- lieb- chen sein. Hol- la- hi! Ho- la- ho!

Ho - la - hi- ha- ho! Geht vor- bei und _ schaut nicht rein.

Ho - la - hi! Ho - la - ho! Wird's wohl nicht ge-

we - sen sein, Ho - la - hi - ha - ho!

2. Leute haben's oft gesagt, holahi ...
dass ich ein Feinsliebchen hab, holahi ...
lass sie reden, schweig fein still, holahi ...
kann ja lieben, wen ich will. holahi ...

3. Sagt's mir, Leute, ganz gewiss, ...
was das für ein Liebchen ist, ...
Die ich liebe, krieg ich nicht, ...
und 'ne andr'e mag ich nicht. ...

4. Wenn mein Liebchen Hochzeit hat, ...
hab ich meinen Trauertag, ...
Geh dann in die Kammer rein, ...
trage meinen Schmerz allein. ...

5. Wenn ich dann gestorben bin, ...
trägt man mich zum Grabe hin, ...
Setzt mir keinen Leichenstein, ...
pflanzt mir drauf Vergissnichtmein. ...

Volksweise aus Baden (19. Jahrhundert)

145

Ich bete an die Macht der Liebe

1. Ich be - te an die Macht der Lie - be, die sich in Je - su of - fen - bart; ich geb mich hin dem frei - en Trie - be, mit dem ich Staub ge - lie - - bet ward. Ich will, an - statt an mich zu den - ken, ins Meer der Lie - be mich ver - sen - - ken.

2. Wie bist du mir so sehr gewogen,
und wie verlangt dein Herz nach mir;
durch Liebe sanft und stark gezogen,
neigt sich mein alles auch zu dir!
Du traute Liebe, gutes Wesen,
du hast mich und ich dich erlesen.

3. O Jesu, dass dein Name bliebe
im Herzen tief gedrücket ein!
Möcht deine treue Jesusliebe
in Herz und Sinn gepräget sein!
Im Wort, im Werk und allem Wesen
Sei Jesus und sonst nichts zu lesen.

Melodie: Dimitrij Bortnianskij (1822)
Text: Gerhard Tersteegen (1697-1769)

Ich hab die Nacht geträumet

1. Ich hab die Nacht ge-träu-met, wohl ei - - nen schö-nen Traum. Es wuchs mei - nen Gar - ten ein Ros - __ ma - ri - __ en - baum.

2. Ein Kirchhof war der Garten,
das Blumenbeet ein Grab,
und von dem grünen Baume
fiel Kron' und Blüten ab.

3. Die Blüten tät ich sammeln
in einem großen Krug,
der fiel mir aus den Händen,
daß er in Stücke schlug.

4. Draus sah ich Perlen rinnen
und Tröpflein rosenrot.
Was mag der Traum bedeuten?
Herzliebster, bist du tot?

Text: August Zarnack (1820)
Melodie: Volksweise (vor 1775)

147

Ich ging durch einen grasgrünen Wald

1. Ich ging durch ei - nen gras - grü - - nen Wald, da hört ich die Vö - ge - lein sin - gen; sie san - gen so jung, sie san - gen so alt, die klei - nen Vö - ge - lein in dem Wald, die hör ich so ger - ne wohl sin - gen.

2. Stimm an, stimm an, Frau Nachtigall!
   Sing mir von meinem Feinsliebchen,
   sing mir es so hübsch, sing mir es so fein:
   Zu Abend da will ich bei ihr sein,
   will schlafen in ihren Armen.

3. Der Tag verging, die Nacht brach an,
   Feinsliebchen das kam gegangen;
   es klopfte so leise mit seinem Ring:
   „Mach auf, mach auf herzliebes Kind,
   ich habe schon lange gestanden."

4. „So lange gestanden hast du noch nicht,
   ich hab ja noch gar nicht
   geschlafen; / hab immer gedacht in meinem Sinn:
   Wo ist mein Herzallerliebster hin,
   wo bist du so lange geblieben?"

148

5. „Wo ich so lange geblieben bin,
   das kann ich dir Schätzchen wohl sagen:
   Wohl bei dem Bier, wohl bei dem Wein,
   allwo die schönen Mädchen sein,
   da bin ich auch jederzeit gerne."

6. Ihr Mädchen nehmet euch wohl in acht,
   und traut keinem Junggesellen!
   Sie versprechen euch viel und halten es nicht,
   sie führen euch alle hinter's Licht
   und tun sich nur immer verstellen.

Volkslied aus Hessen (18. Jh.)

Gerne wird zu diesem Lied auch die Textfassung von Hermann Kletke gesungen, die aus dem Liebeslied ein Frühlingslied macht:

2. O sing nur, singe Frau Nachtigall!
   Wer möchte dich, Sängerin, stören?
   Wie wonniglich klingt's im Widerhall!
   Es lauschen die Blumen, die Vögel all',
   und wollen die Nachtigall hören.

3. Nun muss ich wandern, bergauf, bergab;
   die Nachtigall singt in der Ferne.
   Es wird mir so wohl, so leicht am Stab,
   und wie ich schreite hinauf, hinab,
   die Nachtigall singt in der Ferne.

Text: Hermann Kletke

Jetzt kommen die lustigen Tage

1. Jetzt kommen die lustigen Tage, Schätzel ade, Und dass ich es dir nur sage: Es tut mir gar nicht weh! Und im Sommer da blüht der rote, rote Mohn, und ein lustiges Blut kommt überall davon Schätzel ade, ade, Schätzel ade. Schätzel ade

2. Und morgen da müssen wir wandern, Schätzel ade
Und küssest du auch einen Andern, wenn ich es nur nicht seh'.
|:Und seh ich's im Traum, so red' ich mir halt ein,
ach, es ist ja nicht wahr, es kann ja gar nicht sein.
Schätzel Ade, Ade, Schätzel Ade.:|

3. Und kehr ich dann einstmals wieder, Schätzel Ade,
so sing' ich die alten Lieder, vorbei ist all mein Weh.
|:Und bist Du mir dann, wie einst im schönen Mai
So, bleibe ich bei dir auf ewige Treu',
Schätzel Ade, Ade, Schätzel Ade.:|

Worte und Weise: Volkslied (aus dem 19. Jh.)

Kein Feuer, keine Kohle

1. Kein Feuer, keine Kohle kann brennen so heiß, als heimliche Liebe, von der niemand nichts weiß, von der niemand nichts weiß.

2. Keine Rose, keine Nelke kann blühen so schön,
   als wenn zwei verliebte Seelen beieinander tun stehn.

3. Setze du mir einen Spiegel ins Herze hinein,
   damit du kannst sehen, wie so treu ich es mein.

Aus L. Erks „Deutscher Liederhorst"
Volkslied, mündlich überliefert (1807)

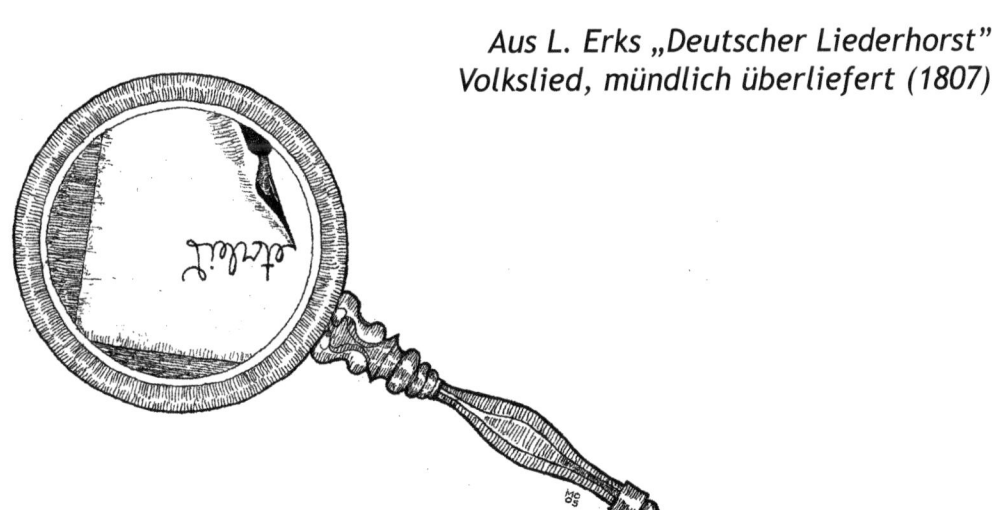

151

Lang, lang ist's her

1. Sag mir das Wort, dem so gern ich hab ge-lauscht,
sing' mir das Lied, das mit Won-ne mich be-rauscht, lang, lang ist's her,
lang, lang ist's her; Kehrt doch mit dir mei-ne Ru-he zu-rück,
du all mein Seh-nen, du all mein Glück, lacht mir wie ein-stens dein
lie-ben-der Blick, lang, lang ist's her, lang ist's her.

2. Denkst du der Seufzer, die ich um dich geklagt?
lang, lang ist's her, lang, lang ist's her,
als wir voll Schmerz „Lebe Wohl" uns gesagt,
lang, lang ist's her, lang, lang ist's her!
Kehre, o kehre doch bald mir zurück,
du all mein Sehnen, du all mein Glück,
dass mir dereinst lacht dein liebender Blick,
lang, lang ist's her, lang ist's her!

Irisches Volkslied (aus dem 18. Jh.)
(„Tell me the tales")

152

Kommt ein Vogel geflogen

1. Kommt ein Vogel geflogen, setzt sich nieder auf mein Fuß. Hat ein Zettel im Schnabel, von der Mutter einen Gruß.

Xylophon
Metallophon

2. Ach, so fern ist die Heimat, und so fern bin ich hier;
und es fragt hier kein Bruder, keine Schwester nach mir.

3. Hab mich allweil vertröstet auf die Sommerszeit;
und der Sommer ist kommen, und ich bin noch so weit.

4. Lieber Vogel, flieg weiter, nimm gar herzlichen Gruß;
denn ich kann dich nicht begleiten, weil ich hierbleiben muss.

Text: Adolf Bäuerle (1822)
Melodie: Wenzel Müller (1822)

Mädle ruck, ruck, ruck

1. Mäd- le ruck, ruck, ruck an mei-ne grü-ne Sei - te, i hab de gar so gern, i kann de lei - de! gar so gern, i kann de lei - de.

Bist so lieb und gut, schön wie Milch und Blut, du musst bei mir bleibe, musst mir d'Zeit ver- trei- be. Mäd- le ruck, ruck, ruck an mei-ne grü-ne Sei - te, i hab de gar so gern, i kann de lei - de.

2. I: Mädle, guck, guck, guck in meine schwarze Auge,
   du kannst dei lieblich's Bildle drinne schaue; :I
   guck no recht drei nei, du musst drinne sei;
   bist du drinne zu Haus, kommst auch nimme raus.
   Mädle, guck, guck, guck ....

3. I: Mädle, du, du, du musst mir ein'n Trauring gebe,
   denn sonst liegt mer ja nix mehr am Lebe. :I
   Wenn i di nit krieg, gang i fort in Krieg,
   wenn i di nit hab', ist mir d' Welt a Grab.
   Mädle, du, du, du ....

Volkslied aus Schwaben

154

Rosenstock und Holderblüt

1. Ro-sen-stock und Hol-der-blüh, wenn i mein Dirn-derl sieh,
lacht mer vor lau-ter Freud's Herz-zerl im Leib.
La la la La la la La la la la la la la la!
La la la La la la La la la la!

2. G'sichterl wie Milch und Blut, s' Dinderl ist gar so gut,
um und um dockerlnett, wenn i's no hätt.
La, la, la, ...

3. Armerl so kugelrund, Lippe so frisch und g'sund,
Füßerl so hurtig g'schwind , s' tanzt wie der Wind.
La, la, la, ...

4. Wenn i ins dunkelblau, funkelnd-hell Augerl schau,
mein' i, i seh in mei Himmelreich 'nei.
La, la, la, ...

Oberschwäbischer Ländler (1842)

155

Santa Lucia

1. Schon glänzt das Mon - den - licht am Him - mels - bo - gen,
sanft wehn die Lüf - te, still sind die Wo - gen;
Mein Na - chen har - ret hier, kommt, stei - get ein zu mir!
San - ta Lu - ci - a, San - ta Lu - ci - a! San - ta - Lu - ci-a!

2. Im dunklen Zelte, traulich geborgen,
   tändelt und kost man bis zu dem Morgen.
   Ich biete freundlich an, was man nur wünschen kann.
   Santa Lucia, Santa Lucia.

3. Holdes Neapel! Ort süßer Freuden!
   Kennst keine Sorgen, kennst keine Leiden.
   Fröhlicher Liederschall tönt in dir überall.
   Santa Lucia, Santa Lucia.

4. O warum zaudert ihr? Seht, welch ein Abend!
   Heut weh'n die Lüfte so kühl und labend.
   Mein Nachen harret hier, kommt, steiget ein zu mir!
   Santa Lucia, Santa Lucia.

Text: Neapolitanische Barcarole „Sul mare luccica"
Melodie: Luigi Gordigiani

Sah ein Knab ein Röslein stehn

1. Sah ein Knab ein Rös-lein stehn, Rös-lein auf der Hei-den, war so jung und doch so schön; lief er schnell,_ es nah zu sehn, sah's mit vie-len Freu-den, Rös-lein, Rös-lein, Rös--lein rot, Rös-lein auf der Hei---den.

2. Knabe sprach: Ich breche dich,
   Röslein auf der Heiden;
   Röslein sprach: Ich steche dich,
   dass du ewig denkst an mich,
   und ich will's nicht leiden.
   Röslein, Röslein, Röslein rot,
   Röslein auf der Heiden!

3. Und der wilde Knabe brach 's
   Röslein auf der Heiden;
   Röslein wehrte sich und stach,
   half ihm doch kein Weh und Ach,
   musst es eben leiden,
   Röslein, Röslein, Röslein rot,
   Röslein auf der Heiden!

Text: Johann Wolfgang von Goethe (1771)
Melodie: Heinrich Werner (1827)

Und der Hans schleicht umher

1. Und der Hans schleicht um - her, trü-be Au - gen, blas-se Wan - gen und das Herz ihm be - fan - gen, und der Kopf ihm so schwer. Und die Lie - se vor der Tü - re, ro - tes Mie - der, gold-ne Schnü - re, schaut hin - auf nach dem Him- mel und sieht den Hans nicht an, schaut hin - auf nach dem Him- mel und sieht den Hans nicht an.

2. Liebe Liese, komm her!
   Lass den Himmel, der ist trübe, doch im Herzen die Liebe,
   ach, die brennt gar so sehr!
   Aber wenn du wieder gut bist und du wieder deinen Hans küsst,
   |: oh, dann ist auch auf einmal der Himmel wieder hell! :|

3. Und er bittet und fleht,
   und er zupft sie am Zöpfchen, und die Liese hält's Köpfchen
   schon halb umgedreht.
   Und sie lacht schon und zieht's Mäulchen,
   und sie ziert sich noch ein Weilchen,
   |: und dann küsst sie den Hans, und ist alles wieder gut. :|

Text und Musik: Franz von Woyna (um 1845)

158

Wenn ich ein Vöglein wär

1. Wenn ich ein Vög-lein wär und auch zwei Flü-gel hätt', flög ich zu dir; weil's a-ber nicht kann sein, weil's a-ber nicht kann sein, bleib' ich all-hier.

2. Bin ich gleich weit von dir, / bin ich doch im Traum bei dir,
   und red mit dir. I: Wenn ich erwachen tu, :I bin ich allein.

3. Es vergeht kein Stund' in der Nacht, / dass nicht mein Herz erwacht
   und an dich denkt; I: daß du mir vieltausendmal, :I dein Herz geschenkt.

4. Wenn's die Leut nicht haben woll'n, dass wir uns lieben soll'n, so gute Nacht!
   I: Ob's gleich die Leut verdrießt, :I lieb ich dich doch.

Text: nach Johann Gottfried Herder,
„Stimmen der Völker in Liedern" (1778)
Melodie: vermutlich Johann Friedrich Reichardt (um 1800)

Eine ältere Fassung aus Franken für Kinder lautet so:

2. Wär ich der Vogel Spatz, flög ich zu dir, mein Schatz, wär ich bei dir.
   Weil es aber nicht kann sein, doch kann sein, nicht kann sein, bleib ich
   allein.
3. Wär ich der Distelfink, flög ich zu dir, mein Kind, wär ich bei dir.
   Weil es aber nicht kann sein, doch kann sein, nicht kann sein, bleib ich
   allein.

Aus Frau Musica (1929)

159

Wenn alle Brünnlein fließen

1. Wenn al-le Brünn-lein flie-ßen, so muss man trin-ken. Wenn ich mein Schatz nicht ru-fen darf, tu ich ihm win-ken. Wenn ich mein Schatz nicht ru-fen darf, ja ja, ru-fen darf, tu ich ihm win-ken.

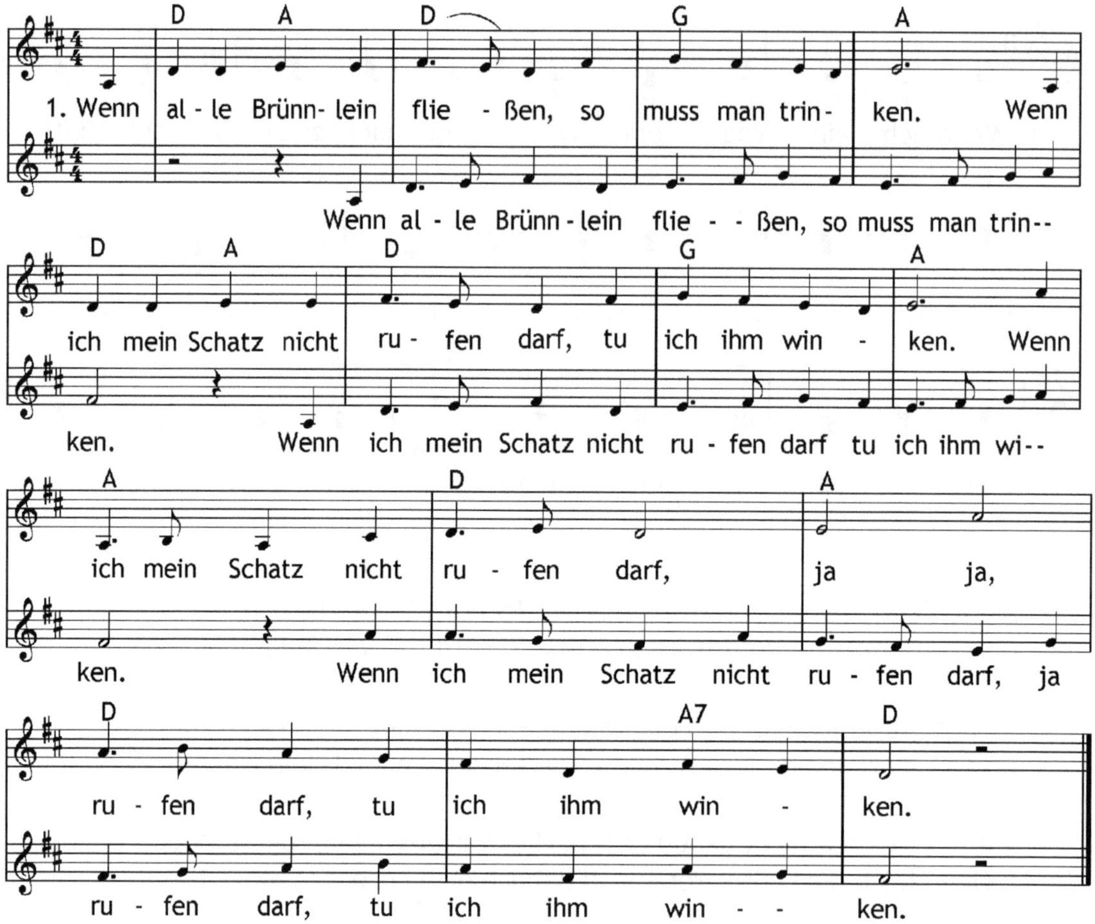

2. Ja, winken mit den Äugelein und treten auf den Fuß:
   's ist eine in der Stube drin, die meine werden muss.
   's ist eine in der Stube drin, ju, ja, Stube drin,
   die meine werden muss.

160

3. Warum sollt sie's nicht werden, ich hab sie ja so gern;
   Sie hat zwei blaue Äugelein, die leuchten wie zwei Stern.
   Sie hat zwei blaue Äugelein, ju, ja, Äugelein,
   die leuchten wie zwei Stern.

4. Sie hat zwei rote Wängelein, sind röter als der Wein.
   Ein solches Mädel find'st du nit, wohl unterm Sonnenschein.
   Ein solches Mädel find'st du nit, ju, ja, find'st du nit,
   wohl unterm Sonnenschein.

Text: mündlich überliefert aus Schwaben (16. Jh.)
Fassung: Friedrich Silcher (nach einer Melodie aus dem 18. Jh.)

In einem Polenstädtchen

1. In einem Polenstädtchen, da lebte einst ein Mädchen die war so schön. Sie war das allerschönste Kind das man in Polen findt, "aber nein, aber nein" sprach sie "ich küsse nie!"

2. Einst führt ich sie zum Tanze,
   da fiel aus ihrem Kranze, ein Röslein rot.
   Ich hob es auf von ihrem Fuß, bat sie um einen Kuss,
   „aber nein, aber nein", sprach sie, „ich küsse nicht."

3.   Als nun der Tanz zu Ende,
   reicht sie mir beide Hände zum erstenmal.
   Sie lag in meinem, meinem Arm, mir schlug das Herz so warm.
   „Aber nein, aber nein" sprach sie, „ich küsse nie".

4. Und in der Trennungsstunde,
   da kam aus ihrem Munde das eine Wort:
   „So nimm, du Allerliebster dir, den ersten Kuss von mir,
   vergiss Maruschka nicht, das Polenkind!"

Volkslied (überliefert)

162

Arbeit und Handwerk

Glück auf, der Steiger kommt

1. Glück auf, Glück auf! Der Stei-ger kommt! Und er hat sein hel-les Licht bei der Nacht, und er hat sein hel-les Licht bei der Nacht schon an-ge-zünd`t —, schon an-ge-zünd`t.

2. Wohl angezündt, es gibt sein' Schein,
   I: und damit fahren wir bei der Nacht, :I
   I: ins Bergwerk ein. :I

3. Ins Bergwerk 'nein! Wo d' Bergleut sein.
   I: Die da graben das Silber und Gold, bei der Nacht :I
   I: aus Felsengestein. :I

4. Der eine gräbt 's Silber, der and're gräbt 's Gold,
   I: und darum da fahren wir bei der Nacht :I
   I: ins Bergwerk 'nein. :I

5. Aus Felsengestein hau'n wir das Gold.
   I: Dem schwarzbraun' Mägdelein, bei der Nacht, :I
   I: dem sein wir hold. :I

Bergmannslied (seit dem 16. Jh. bekannt)

163

Üb immer Treu und Redlichkeit

1. Üb im-mer Treu und Red-lich-keit bis an dein küh- les Grab, und wei-che kei-nen Fin-ger breit von Got-tes We-gen ab.

2. Dann wirst du wie auf grünen Au'n durchs Pilgerleben gehn,
dann wirst du ohne Furcht und Grau'n dem Tod ins Antlitz sehn.

3. Dann wird die Sichel und der Pflug in deiner Hand so leicht;
dann singest du beim Wasserkrug, als wär dir Wein gereicht.

4. Dem Bösewicht wird alles schwer, er tue was er tu';
Das Laster treibt ihn hin und her und lässt ihm keine Ruh'.

5. Der schöne Frühling lacht ihm nicht, ihm lacht kein Ährenfeld;
er ist auf Lug und Trug erpicht und wünscht sich nichts als Geld.

6. Der Wind im Hain, das Laub am Baum saust ihm Entsetzen zu;
er findet nach des Lebens Traum im Grabe keine Ruh.

7. Drum übe Treu und Redlichkeit bis an dein kühles Grab,
und weiche keinen Finger breit von Gottes Wegen ab.

Text: Ludwig Christoph H. Hölty (1775)
Melodie: W. A. Mozart (1791)

Wer will fleißige Handwerker sehn

1. Wer will flei-ßi-ge Hand-wer-ker sehn, ei, der muss zu uns her-gehn. Stein auf Stein, Stein auf Stein, das Häus-chen muß bald fer-tig sein.

Wer will fleißige Handwerker sehn, ei, der muss zu uns hergeh'n:

2. Oh wie fein, oh wie fein, der Glaser setzt die Scheiben ein.

3. Tauchet ein, tauchet ein, der Maler streicht die Wände fein.

4. Zisch, zisch, zisch, der Tischler hobelt glatt den Tisch.

5. Schornsteinfeger auf dem Haus, kehrt uns schnell den Schornstein aus.

6. Poch, poch, poch, der Schuster schustert zu das Loch.

7. Stich, stich, stich, der Schneider näht ein Kleid für mich.

8. Ramm, ramm, ramm, Steinsetzer pflastert neu den Damm.

9. Ping, pang, ping, der Schmied beschlägt das Rösslein flink.

10. Bum, bum, bum, der Böttcher schlägt den Reifen um.

11. Hopp, hopp, hopp, nun tanzen alle im Galopp.

Altes Spiellied

165

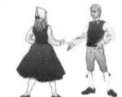

Tanzlieder

Da streiten sich die Leut herum

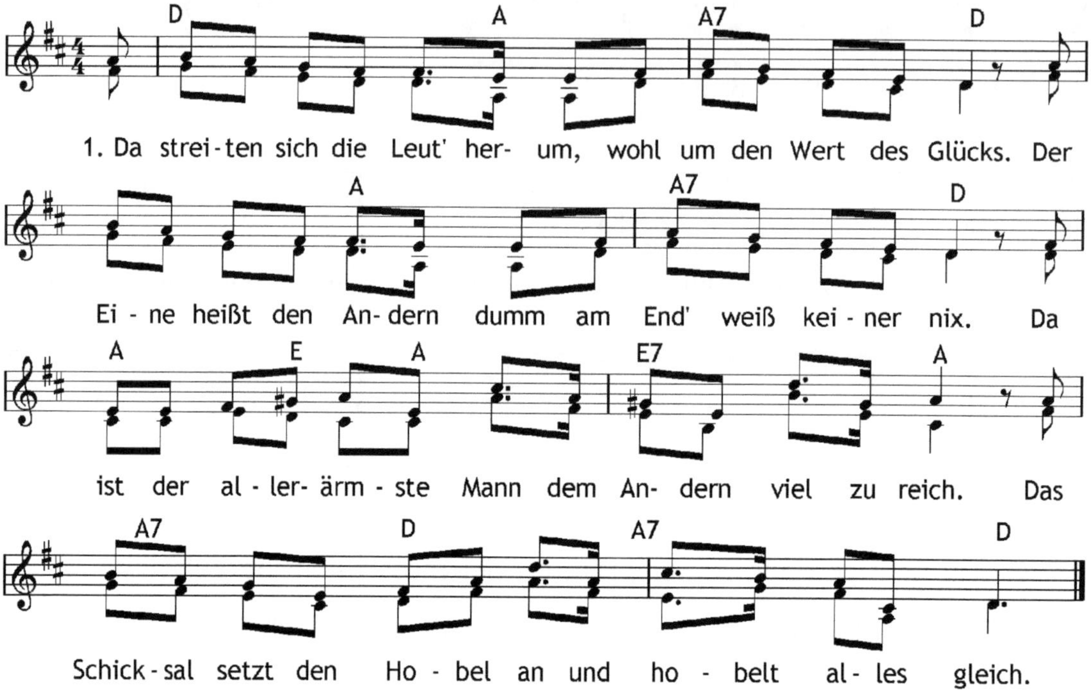
D A A7 D
1. Da strei-ten sich die Leut' her- um, wohl um den Wert des Glücks. Der
A A7 D
Ei - ne heißt den An- dern dumm am End' weiß kei - ner nix. Da
A E A E7 A
ist der al - ler- ärm - ste Mann dem An- dern viel zu reich. Das
A7 D A7 D
Schick - sal setzt den Ho - bel an und ho - belt al - les gleich.

2. Die Jugend will stets mit Gewalt
in allem glücklich sein,
Doch wird man nur ein wenig alt,
da gibt man sich schon drein.
Oft zankt mein Weib mit mir, o Graus!
das bringt mich nicht in Wut;
da klopf ich meinen Hobel aus und denk:
du brummst mir gut!

3. Zeigt sich der Tod einst, mit Verlaub,
   und zupft mich: Brüderl kumm!
   Da stell ich mich ein wenig taub
   und schau mich gar nicht um.
   Doch sagt er: „Lieber Valentin,
   mach keine Umständ, geh!"
   So leg ich meinen Hobel hin
   und sag der Welt ade!

Text: Ferdinand Raimund
Melodie: Conradin Kreutzer (1834)

Zu der Melodie kann man auch singen:

1. Ein Mäuschen lief ins Bienenhaus
   und hat sich da versteckt.
   Und als die Bienen kam'n ins Haus,
   da war'n sie sehr erschreckt.
   Sie flogen eilig hin und her
   und waren sehr nervös.
   Das Mäuschen sagte: bitte sehr
   nun seid mir doch nicht bös.

2. Ich musst' vorm Vater laufen gehen,
   der kam grad um die Eck'
   da sah ich euer Häuschen stehn'
   und nahm es als Versteck.
   Ich schau mal schnell zum Schlupfloch raus
   er ist nicht mehr zu seh'n.
   Jetzt lauf ich eilig in mein Haus
   Und sage: Danke schön!

Mündlich überliefert

167

Beim Kronenwirt

1. Beim Kro - nen - wirt da ist heut' Ju - bel und Tanz, hei - di - del
Die Ka - threin trägt heut' ih - ren hei - li - gen Kranz,

dei di-del dö __ . Die Mu- sik die spielt und es ju- belt und lacht, die

Knö - del die dam - pfen der Kro - nen - wirt lacht, ha, ha, hei- - di - del

ha ha ha ha, hei - - di - del ha ha ha ha, ha ha, hei -

- di - del ha ha ha ha, hei - - di - del dö____ .

2. Der Krischan, der hat beim Pfarrer sein Platz,
und rot wie der Mohn wiegt die Katrin sein Schatz.
Er schaut nach der Uhr, und es ist erst halb vier,
bis sieben Uhr bleiben die Brautleute hier.

3. Der Lehrer, der hält heut 'ne feurige Red,
weil er weiß, dass es ohne Red gar net geht.
Und weil er beim Messnern und Läuten dabei,
so schafft er für zwei, doch er frisst auch für drei.

4. Der Michel, der bläst und der Kronenwirt lacht,
und der Mond scheint so hell und klar ist die Nacht.
Vom Tanz dröhnt das Dorf und das uralte Haus,
und dem Krischan geht längst schon das Lämple aus.

5. Auf einmal wird's still und der Hans bläst 'nen Tusch,
das Brautpaar ist plötzlich verschwunden husch husch.
Die Mädel sie schauen verlegen und stumm,
und lustiger schwenken die Burschen sie 'rum.

168

6. Die Nacht ist so laut und der Mond scheint so klar,
   noch einmal jetzt schreiten zum Tanzen die Paar.
   Im Tanze erdröhnet das uralte Haus,
   beim Kronenwirt geht nun das Lämpeli aus.

Text und Melodie: trad. nach älteren Vorlagen

Drunten im Unterland

1. Drun - ten im Un - ter - land, da _ ist's halt fein.
Schle - hen im O - ber - land, Trau- ben im Un - ter - land,
drun- ten im Un - ter - land möcht i _ wohl sein!

2. I: Drunten im Neckartal, da ist's halt gut :I
   Ist mer's da oben rum,
   manchmal au no so dumm,
   han i doch alleweil drunten gut's Blut.

3. I: Kalt ist's im Oberland, unten ist's warm, :I
   oben sin d' Leut so reich,
   d' Herzen sind gar net weich,
   seht mi net freundlich an, werdet net warm.

4. I: Aber da unten rum, da sind d' Leut arm, :I
   aber so froh und frei
   und in der Liebe treu,
   drum sind im Unterland d' Herzen so warm.

Text: Gottlieb Weigele (1835)
Melodie: Schwäbische Volksweise (19. Jh.)

Großmutter will tanzen

Groß- mut - ter will tan - zen, auf, ma-chet Platz, auf, ma- chet Platz

mit ih- rem Groß- va - ter ih- rem al - ler- lieb- sten Schatz.

Lang - sam, lang - sam, hei, di- del- dum, hei - di- del- dum,

lang - sam, lang - sam, hei- di- del, di - del - dum.

2. Großmutter dreht rechts rum, auf, machet Platz! Auf, machet Platz!
Großvater macht's mit Schwung, tanzt mit seinem liebsten Schatz.
Langsam, langsam, hei didel dum, hei didel dum
langsam, langsam, hei, didel didel dum.

3. Großmutter denn wenn man alt wird, geht das so schnell nicht
Und es ermüdet Großmütterchen sehr.
Langsam, langsam, hei dideldum, hei dideldum
Langsam, langsam, hei didel didel dum.

Tanzlied aus der Schweiz
2. Strophe und Rhythmus: A. v. Blanckenburg (1995)

170

Hannemann

1. Jetzt danzt Han-ne-mann, jetzt danzt Han-ne-mann, jetzt danzt Han-ne-mann und sie-ne lee-ve Fru. Oh du mei Möp-pel-ken, mei Mö-pel-ken, mei Mö-pel-ken, oh du mei Möp-pel-ken, mei Möp-pel-ken bist du!

2. I: Er hätt Stäbel an,
   :I er hätt Stäbel an, un sie blanke Schuh.
   O du mei Möppelken, mei Möppelken, mei Möppelken,
   O du mei Möppelken, mei Möppelken bist du!

3. I: Er hätt schiew Gesicht,
   :I er hätt schiew Gesicht, un sie Paar grote Ohrn.
   O du mei Möppelken, mei Möppelken, mei Möppelken,
   O du mei Möppelken, mei Möppelken bist du!

Volkstanz aus Holstein

Heißa Kathreinerle

1. Hei - ßa Kath - rei - ner- le, schnür dir die Schuh
Schürz dir dein Rök - ke - le, gönn dir kein .... Ruh.

Didl, Dudl, Dadl, Schrumm, schrumm, schrumm, s'geht schon der Hop- ser rum,

Hei - ßa Kath - rei - ner - le, frisch im - mer zu.

2. Dreh wie ein Rädele flink dich im Tanz,
Fliegen die Zöpfele, wirbelt der Kranz!
Didl, dudl, dadl, Schrumm, schrumm, schrumm
lustig im Kreis herum;
dreh dich, mein Mädel im festlichen Glanz.

3. Heute heißt's lustig sein, morgen ist's aus!
Sinket der Lichter Schein, gehn wir nach Haus.
Didl, dudl, dadl, Schrumm, schrumm, schrumm
morgen mit viel Gebrumm
fegt die Frau Wirtin den Tanzboden aus.

Tanzlied aus dem Elsass

172

Ich hab mir einen Hut gekauft

für Vorsänger/in und Chor

Guero/Triangel/Trommel

Vorsänger/in — Alle

2. Mit meinem Hut, da geh ich fein, spazieren in dem Sonnenschein.
   Eia — im schönsten Sonnenschein.

3. Mein Hut gefiel den Leuten sehr, es folgte mir manch Kavalier.
   Eia — manch feiner Kavalier.

4. Der Hut das war der erste Wink, es folgte bald ein Freundschaftsring.
   Eia — ein goldner Freundschaftsring.

5. Manch schöne Stunde ging vorbei, doch bald da war ich wieder frei.
   Eia — da war ich wieder frei.

6. Auch wenn ich diesen Hut noch trage, bleibt unsre Liebe eine Frage.
   Eia — die Liebe eine Frage.

Zwischenspiel

Nach dem portugiesischen Volkslied „Chapeau Novo"
Text und Bearbeitung: Albrecht v. Blanckenburg (1995)

173

Lass doch der Jugend

1. Lass doch der Ju - gend, der Ju - gend, der Ju - gend ih - ren Lauf,

Ju- gend ih- ren Lauf. Hübsche Mädchen wachsen im-mer wie- der auf,
Lass doch der Ju-gend ih- ren Lauf.

Tanz mit der Dorl, walz mit der Dorl, bis nach Schwei-nau mit der Dorl, nau!

2. Warum soll'n wir uns des Lebens, des Lebens nicht erfreuen,
Bei Tanz und Flötenspiel hat man der Freuden viel.
Tanz mit der Dorl, walz mit der Dorl,
bis nach Schweinau mit der Dorl.
Tanz mit der Dorl, walz mit der Dorl,
bis nach Schweinau.

3. Flink wie der Vogel, wie der Vogel in der Luft:
Dann geht es um und um, dann geht es ticketacke rum.
Tanz mit der Dorl, ...

4. Ach noch einen Walzer, einen Walzer zu guter, guter Letzt.
Seht nur wie hübsch und nett, s'Mädel die Füße setzt.
Tanz mit der Dorl, ...

5. I: Gut' Nacht, mein Schätzlein, mein Schätzlein, mein Schätzlein lebe
wohl! :I
Geh' ich über Berg und Tal ist mir kein Weg zu schmal.
Tanz mit der Dorl, walz mit der Dorl —
bis nach Schweinau mit der Dorl,
tanz mit der Dorl, walz mit der Dorl
bis nach Schweinau!

Tanzlied aus Franken (1800)

Wenn die Bettelleute tanzen

1. Wenn die Bet- tel- leu- te tan- zen, wak- keln Ko - ber und der Ran - zen.

Ei - a, ei - a, ei - a, so geht's, so geht's, so geht's. Ei, so geht's, so geht's

ei, so geht's, so geht's, wak - keln Ko - ber und der Ran - zen.

2. Komm'n sie über eine Brücke, klappern sie mit Stock und Krücke.

3. Kommt ein Bauer vor die Türe, stehen gleich der Stücker viere.

4. Kommen sie in eine Schenke, spring'n sie über Tisch und Bänke.

5. Haben sie nun ausgeraufet, wird der Bettelsack verschmauset.

6. Eingemachte Kalbsgesichte, sind das erste Leibgerichte.

7. Dann stiebizte Vogeleier, mit sauren Gurken für zwei Dreier.

8. Für die Sechser und die Groschen, schnapsen sie drauf unverdrossen.

9. Nun wohlan ihr Schwestern, Brüder! Seid Ihr satt so legt euch nieder.

10. S' wird uns keiner etwas mausen. Morgen woll'n wir wieder schmausen.

Volksweise (19. Jh.)

175

Wenn hier een Pott mit Bohnen steiht

1. Wenn hier een Pott mit Boh-nen steiht und dor en Pott mit Bri, denn lat ick Bri un Boh-nen stahn un danz mit min Ma-rie, Ma-rie, Ma-ra, Ma-rusch-ka-ka, Ma-rie, Ma-ra, Ma-rie, Ma-rie, Ma-ra, Ma-rusch-ka-ka, Ma-rie, Ma-ra, Ma-rie.

2. De Dirn, de is so prick un nett, so schön as Melk un Blot;
   de krusen Hoor op ehren Kopp wägt nühr as hunnert Lot. Marie ...

3. Ehr Hand, de is so gutt un week, ehr Arm so prall un rund.
   Ick drück de Dirn fast an min Bost un küss ehr op den Mund. Marie ...

4. Und wenn si mi denn weller küsst, so hartlich un so tru,
   denn segg ick: „Ehr en Johr vergeiht, büst du min söte Fru!" Marie ...

5. Und wenn dat Johr aflopen is, denn hürt de Dirn mi ganz;
   denn driggt se en sneewitte Huw stats eenen Jungfernkranz. Marie ...

6. Un is denn soch'n Johr vörbi, so schenkt uns Gott en Kind.
   Denn lach ick, un denn frei ick nü, dat we so glücklich sünd.

Polka aus Mecklenburg
Text: aus dem Niederdeutschen

176

Zum Tanze, da geht ein Mädel

1. Zum Tan-ze da geht ein Mä - del mit gül - de - nem Band.

Xylophon
Pauke

Das schlingt sie dem Bur-schen ganz fest um die Hand,

das schlingt sie dem Bur- schen ganz fest um die Hand.

2. Ach herzallerliebstes Mädel, so lass mich doch los!
   Ach herzallerliebstes Mädel, so lass mich doch los!
   Ich lauf dir gewisslich auch so nicht davon.

3. Kaum löset die Jungfer das güldene Band,
   Kaum löset die Jungfer das güldene Band,
   da war in den Wald schon der Bursche gerannt.

Tanzlied aus Schweden (19. Jh.)
Bearbeitung: Albrecht v. Blanckenburg (1995)

177

Märchen, Sagen und Balladen

Als wir jüngst in Regensburg waren

1. Als wir jüngst in Regensburg waren, sind wir über den Strudel gefahren; da war'n viele Holden, die mitfahren wollten. Schwäbische, bayrische Dirndel juchheiraßa, muß der Schiffsmann fahren.

2. Und vom hohen Bergesschlosse, kam auf stolzem, schwarzen Rosse, adlig Fräulein Kunigund, woll't mitfahren über Strudels Grund. Schwäbische, bayrische ...

3. Schiffsmann, lieber Schiffsmann mein, sollt's denn so gefährlich sein? Schiffsmann sag's mir ehrlich, ist's denn so gefährlich?

4. Wem der Myrtenkranz geblieben, landet froh und sicher drüben; wer ihn hat verloren, ist dem Tod erkoren.

5. Als sie auf die Mitt' gekommen, kam ein großer Nix geschwommen, nahm das Fräulein Kunigund, fuhr mit ihr in des Strudels Grund.

6. Und ein Mädel von zwölf Jahren ist mit über den Strudel gefahren, weil sie noch nicht lieben kunnt, kam sie sicher über den Grund.

Jodellied aus Bayern
mündlich überliefert (aus dem 18. Jh.)

178

An der Saale hellem Strande

1. An der Saa-le hel-lem Stran-de ste-hen Bur-gen stolz und kühn; ih-re Dä-cher sind ver-fal-len, und der Wind streicht durch die Hal-len, Wol-ken zie-hen drü-ber hin.

2. Zwar die Ritter sind verschwunden,
   nimmer klingen Speer und Schild;
   doch dem Wandersmann erscheinen
   in den altbemoosten Steinen
   oft Gestalten zart und mild.

3. Droben winken holde Augen,
   freundlich lacht manch roter Mund.
   Wandrer schaut wohl in die Ferne,
   schaut in holder Augen Sterne,
   Herz ist heiter und gesund.

4. Und der Wandrer zieht von dannen,
   denn die Trennungsstunde ruft;
   und er singet Abschiedslieder,
   'Lebewohl' tönt es hernieder,
   Tücher wehen in der Luft.

Text: Franz Kubler (1826)
Melodie: Friedrich Ernst Fesca (1822)

Ännchen von Tharau

1. Änn - chen von Tha- rau ist's, die mir ge - fällt,
Änn - chen von Tha- rau hat wie- der ihr Herz

sie ist mein Le - ben, mein Gut und mein Geld
auf mich ge - rich - tet in Lie - be und Schmerz.

Änn - chen von Tha - rau, mein Reich - tum mein Gut,

du mei - ne See - le, mein Fleisch und mein Blut.

2. Käm' alles Wetter gleich auf uns zu schlahn,
wir sind bestimmt aufeinander zu stahn.
Krankheit, Verfolgung, Betrübnis und Pein,
soll unsrer Liebe Verknotigung sein.
Ännchen von Tharau ...

3. Recht als ein Palmenbaum über sich steigt,
hat ihn erst Regen und Sturmwind gebeugt,
so wird die Lieb' in uns mächtig und groß
nach manchem Leiden und traurigen Los.
Ännchen von Tharau ...

4. Würdest du gleich einmal von mir getrennt,
lebtest da, wo man die Sonne kaum kennt,
ich will dir folgen durch Wälder und Meer,
Eisen und Kerker und feindliches Heer.
Ännchen von Tharau, mein Licht, meine Sonn,
mein Leben schließt sich um deines herum.

Text: Simon Dach (1604-1651)
Melodie: Friedrich Silcher (1825)

180

Die Forelle

1. In ei-nem Bäch-lein hel - le, da schoß in fro - her Eil, die lau-ni-sche Fo-rel-le vor-ü-ber _ wie ein Pfeil. Ich stand an dem Ge-sta-de und sah in sü-ßer Ruh' des munt'-ren Fisch-leins Ba-de im kla-ren Bäch-lein zu.

2. Ein Fischer mit der Rute,
   wohl an dem Ufer stand,
   er sah mit kühlem Blute,
   wie sich das Fischlein wand.
   Sie springet auf die Schnelle,
   ich lacht ihr ins Gesicht;
   so fängt er die Forelle
   mit seiner Angel nicht.

3. Doch endlich ward dem Diebe die Zeit zu lang,
   er macht das Bächlein tückisch trübe und eh ich es gedacht,
   so zuckte seine Rute, das Fischlein zappelt dran,
   und ich mit regem Blute sah die Betrogne an.

Text: Christian Friedrich Daniel Schubart (1739-1791)
Melodie: Franz Schubert (1797-1828)

Die Gedanken sind frei

1. Die Ge-dan-ken sind frei, wer kann sie er-ra-ten,
Sie _ flie-gen vor-bei, wie nächt-li-che Schat-ten.
Kein Mensch kann sie wis-sen, kein Jä-ger er-schie-ßen, es
blei-bet da-bei : die Ge-dan-ken sind frei.

2. Ich denke was ich will, und was mich beglücket,
doch alles in der Still, und wie es sich schicket.
Mein Wunsch und Begehren kann niemand verwehren,
es bleibet dabei: die Gedanken sind frei!

3. Und sperrt man mich ein im finsteren Kerker,
das alles sind rein vergebliche Werke;
denn meine Gedanken zerreißen die Schranken
und Mauern entzwei: die Gedanken sind frei!

4. Ich liebe den Wein, mein Mädchen vor allen,
sie tut mir allein am besten gefallen.
Ich bin nicht alleine bei meinem Glas Weine
mein Mädchen dabei: die Gedanken sind frei!

5. Drum will ich auf immer den Sorgen entsagen
und will mich auch nimmer mit Grillen mehr plagen.
Man kann ja im Herzen stets lachen und scherzen
und denken dabei: die Gedanken sind frei!

Text: aus Süddeutschland (um 1790)
Melodie: Volksweise aus der Schweiz (um 1815)

Drei Zigeuner

1. Drei Zigeuner fand ich einmal, liegen an einer Weide, als mein Fuhrwerk mit müder Qual schlich durch die sandige Heide.

2. Hielt der eine für sich allein / in den Händen die Fiedel,
spielt', umglüht vom Abendschein, / sich ein lustiges Liedel.

3. Hielt der zweite die Pfeif' im Mund, / blickte nach seinem Rauche,
froh, als ob er vom Erdenrund / nichts zum Glücke mehr brauche.

4. Und der dritte behaglich schlief, / und sein Zymbal am Baum hing;
über die Saiten der Windhauch lief, / über sein Herz ein Traum ging.

5. An den Kleidern trugen die drei
Löcher und bunte Flicken;
aber sie boten trotzig frei
Spott den Erdengeschicken.

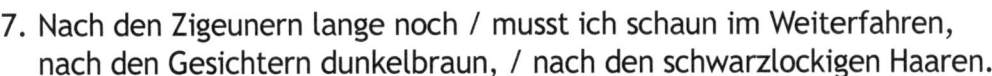

6. Dreifach haben sie mir gezeigt,
wenn das Leben uns nachtet,
wie man's verschläft, verraucht, vergeigt,
und es dreifach verachtet.

7. Nach den Zigeunern lange noch / musst ich schaun im Weiterfahren,
nach den Gesichtern dunkelbraun, / nach den schwarzlockigen Haaren.

Text: Nikolaus Lenau
Melodie: Th. Meyer-Steineg

Es waren zwei Königskinder

1. Es wa- ren zwei Kö - nigs - kin- der, die hat -ten ei - nan- der so lieb. Sie konn- ten zu - sam - men nicht kom - men, _ das Was -ser war viel zu tief, das Was - ser war viel zu tief.

2. Ach Liebster, kannst du nicht schwimmen, so schwimm doch herüber zu mir,
   drei Kerzen will ich anzünden, I: die sollen leuchten dir. :I

3. Das hört eine falsche Nonne, die tat als wenn sie schlief,
   sie tat die Kerzen auslöschen, I: der Jüngling ertrank so tief. :I

4. Es war ein Sonntag morgen. Die Leute waren so froh.
   Nur nicht die Königstochter, I: ihr Herz war betrübet so. :I

5. Ach Mutter, herzliebst Mutter, mir tut der Kopf so weh,
   lass mich eine kleine Weile, I: wohl an den blanken See. :I

6. Die Mutter ging in die Kirche, die Tochter ging ihren Gang.
   Sie ging am See spazieren, I: bis sie den Fischer fand. :I

7. Ach Fischer, herzliebster Fischer, willst du verdienen groß Lohn?
   So wirf dein Netz ins Wasser I: und fang mir den Königssohn. :I

8. Er warf sein Netz ins Wasser, es schwamm bis auf den Grund,
   der erste Fisch, den er fangen, I: das war der Königssohn. :I

9. Sie nahm ihn in ihre Arme und küsste den blassen Mund:
   „Ach Mündlein, könntest du sprechen, I: so wär mein Herz gesund." :I

10. Sie wand sich in den Mantel und stürzt sich in den See:
    „Gut Nacht, Herzvater und Mutter, I: wir sehn uns nimmermehr." :I

11. Zwei Glocken hört man läuten, die läuten all so sehr:
    Es waren zwei Königskinder, I: die leben all beid nicht mehr. :I

Volkslied (1807)

184

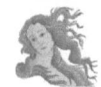

Lorelei

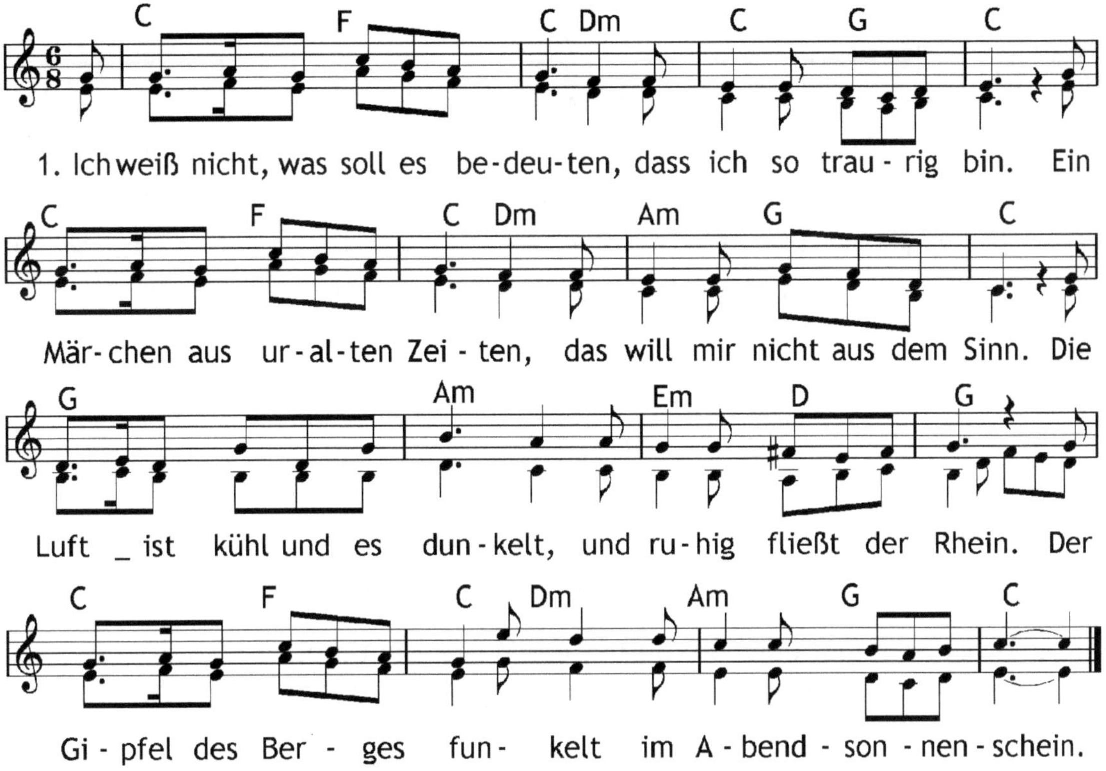
C F C Dm C G C
1. Ich weiß nicht, was soll es be-deu-ten, dass ich so trau - rig bin. Ein
C F C Dm Am G C
Mär-chen aus ur-al-ten Zei - ten, das will mir nicht aus dem Sinn. Die
G Am Em D G
Luft _ ist kühl und es dun - kelt, und ru-hig fließt der Rhein. Der
C F C Dm Am G C
Gi - pfel des Ber - ges fun- kelt im A - bend - son - nen - schein.

2. Die schönste Jungfrau sitzet dort oben wunderbar;
ihr goldnes Geschmeide blitzet, sie kämmt ihr goldenes Haar.
Sie kämmt es mit goldenem Kamme und singt ein Lied dabei,
das hat eine wundersame, gewaltige Melodei.

3. Den Schiffer im kleinen Schiffe ergreift es mit wildem Weh;
er schaut nicht die Felsenriffe, er schaut nur hinauf in die Höh.
Ich glaube die Wellen verschlingen am Ende Schiffer und Kahn;
und das hat mit ihrem Singen die Lorelei getan.

Text: Heinrich Heine (1823)
Melodie: Friedrich Silcher (1838)

Mariechen saß weinend im Garten

1. Ma-rie-chen saß wei-nend im Gar-ten, im Gra-se lag schlum-mernd ihr Kind. Mit ih-ren blon-den Lo-cken spielt lei-se der A-bend-wind. Sie saß so still und träu-mend, so ein-sam und so bleich, und dun-kle Wol-ken zo-gen, und Wel-len schlug der Teich.

2. Der Geier steigt über die Berge, die Möwe zieht stolz einher.
Es weht ein Wind von ferne, schon fallen die Tropfen schwer.
Schwer von Mariechens Wangen eine heiße Träne rinnt;
und schluchzend in den Armen, hält sie ihr schlummernd Kind.

3. Hier liegst du so ruhig von Sinnen, du armer verlassener Wurm!
Du träumst noch nicht von Sorgen, dich schreckt noch nicht der Sturm.
Dein Vater hat dich verlassen, dich und die Mutter dein;
drum sind wir armen Waisen in dieser Welt allein.

4. Dein Vater lebt herrlich in Freuden; Gott lass es ihm wohl ergehn.
Er denkt nicht an uns beide, will mich und dich nicht sehn'.
Drum wollen wir uns beide, hier stürzen in den See;
dort sind wir dann geborgen, vor Kummer, Ach und Weh.

5. Da öffnet das Kind die Augen, blickt freundlich sie an und lacht;
die Mutter weint vor Freuden und drückt's an ihr Herz mit Macht.
„Nein, nein, wir wollen leben, wir beide, du und ich!
Dem Vater sei's vergeben: So glücklich machst du mich!"

6. So saß Mariechen am Strande, in manch langer, dunkler Nacht,
bis dass aus fernem Lande, ein Schiffer die Botschaft bracht:
„Das Kind in deinem Schoße, hat keinen Vater mehr;
es ruht ein braver Matrose im weiten, tiefen Meer."

mündlich überliefert

186

Und in dem Schneegebirge

1. Und in dem Schnee-ge-bir-ge, da fließt ein Brünn-lein kalt, und wer das Brünn-lein trin-ket, und wer das Brünn-lein trin-ket, bleibt jung und wird nicht alt.

2. Ich hab daraus getrunken gar manchen frischen Trunk.
   I: Ich bin nicht alt geworden :I ich bin noch immer jung.

3. Ich wink dir mit den Augen, ich tret dir auf den Fuß.
   I: Ach, wie ein schweres Roden, :I wenn einer scheiden muss.

4. „Ade mein Schatz, ich scheide, ade mein Schätzelein,"
   I: „Wann kommst du denn doch wieder? :I Herzallerliebster mein."

5. „Wenn's schneiet rote Rosen und regnet kühlen Wein.
   I: Ade mein Schatz, ich scheide, :I ade mein Schätzelein!"

6. „Es schneit ja keine Rosen und regnet keinen Wein:
   I: So kommst du auch nicht wieder :I Herzallerliebster mein!"

Volkslied aus Schlesien

187

Sabinchen war ein Frauenzimmer

1. Sa- bin-chen war ein Frau-en-zim-mer, gar hold und tu-gend-haft.
Sie leb-te treu und red-lich im-mer, bei ih-rer Dienst-herr-schaft.

Da kam aus Treu-en-briet-zen ein jun-ger Mann da-her, der

wol-lte gern Sa-bin-chen be-sit-zen und war ein Schuh-mach-er.

2. Sein Geld hat er schon ganz versoffen in Schnaps und auch in Bier.
Da kam er zu Sabinchen geloffen und wollte welches von ihr.
Sie konnte ihm keins geben, da stahl er auf der Stell
von ihrer guten Dienstherrschaft sechs silberne Blechlöffel.

3. Jedoch nach achtzehn Wochen, da kam der Diebstahl raus.
Da jagte man mit Schimpf und Schande Sabinchen aus dem Haus.
Sie rief: „Verfluchter Schuster, du rabenschwarzer Hund!"
Da nahm er sein Rasiermesser und schnitt ihr ab den Schlund.

4. Das Blut zum Himmel spritzte, Sabinchen fiel gleich um.
Der böse Schuster aus Treuenbrietzen, der stand um ihr herum.
In einem dunklen Keller, bei Wasser und bei Brot,
da hat er endlich eingestanden die grausige Moritot.

5. Und die Moral von der Geschichte: Trau keinem Schuster nicht!
Der Krug, der geht so lang zum Wasser, bis dass der Henkel bricht.
Der Henkel ist zerbrochen, er ist für immer ab,
und unser Schuster muss nun sitzen, bis an sein kühles Grab.

Text und Melodie: mündlich überliefert (Berlin, Mitte 18. Jh.)

Es war ein König in Thule

1. Es war ein Kö-nig in Thu-le gar treu bis an sein Grab, dem ster-bend sei-ne Buh-le ei-nen gold-nen Be-cher gab

2. Es ging ihm nichts darüber, er leert ihn jeden Schmaus,
   die Augen gingen ihm über, so oft er trank daraus.

3. Und als er kam zum Sterben, zählt er seine Städt' im Reich,
   gönnt alles seinen Erben, den Becher nicht zugleich.

4. Er saß beim Königsmahle, die Ritter um ihn her,
   auf hohem Vätersaale, dort auf dem Schloss am Meer.

5. Dort stand der alte Zecher, trank letzte Lebensglut,
   und warf den heil'gen Becher hinunter in die Flut.

6. Er sah ihn stürzen, trinken und sinken tief ins Meer.
   Die Augen täten ihm sinken, trank nie einen Tropfen mehr.

Text: Johann Wolfgang von Goethe (1774)
Melodie: Carl Friedrich Zelter (1812)

Zogen einst fünf wilde Schwäne

1. Zo-gen einst fünf wil-de Schwä-ne, Schwä-ne leuch-tend, weiß und schön.
Sing, sing, was ge-schah? Kei-ner ward mehr ge-se __ hn.
Sing, sing, was ge-schah? Kei-ner ward mehr ge-sehn.

2. |: Wuchsen einst fünf junge Birkchen
grün und frisch an Bachesrand. — :|
„Sing, sing, was geschah!" —
keins in Blüten stand. —
„Sing, sing, was geschah?"
keins in Blüten stand.

3. |: Zogen einst fünf junge Burschen
stolz und kühn zum Kampf hinaus. — :|
„Sing, sing, was geschah?" —
keiner kehrt nach Haus. —
„Ja, sing, sing, was geschah?"
keiner kehrt nach Haus.

4. |: Wuchsen einst fünf junge Mädchen
schlank und schön am Memelstrand. — :|
„Sing, sing, was geschah?" —
keins den Brautkranz wand. —
„Ja, sing, sing, was geschah?"
keins den Brautkranz wand.

Text und Melodie: Volksweise aus Litauen (19. Jh)

190

Ausklang

So nimm denn meine Hände

1. So nimm denn mei - ne Hän - de und füh - re mich
bis an mein se - lig En - de und e - wig - lich.

Ich mag al - lein nicht ge - - hen, nicht ei - nen Schritt; wo

du wirst gehn und ste - hen, da nimm mich mit.

2. In dein Erbarmen hülle mein schwaches Herz
und mach es gänzlich stille in Freude und Schmerz.
Lass ruhn zu deinen Füßen dein armes Kind;
es will die Augen schließen und glauben blind.

3. Wenn ich auch gleich nichts fühle von deiner Macht,
du führst mich doch zum Ziele auch durch die Nacht:
so nimm denn meine Hände und führe mich
bis an mein selig Ende und ewiglich.

Text: Julie Hausmann (1862)
Melodie: Friedrich Silcher (1842)

Der Einsatz von Liedern in der Gruppenarbeit

Das Singen von Liedern macht viel Freude. Alle, die mit Gruppen arbeiten, haben mit den Liedern ein einzigartiges Material zur Verfügung, mit dem sie auf viele verschiedene Arten unterschiedliche Ziele erreichen können.

Das Singen von Volksliedern hat die Kraft, den Alltag zu bereichern und die Sängerinnen und Sänger in eine andere Gefühlsebene zu entführen, in denen elementare Gefühle wie Freude und Glück, Schmerzen und Trauer, ihren Platz haben. Lieder begleiten die Menschen durch alle Lebenssituationen und können Trost spenden, Liebe ausdrücken, zum Tanzen motivieren oder Entspannung bringen.

Die Lieder in diesem Buch haben sich in zahlreichen Musizier- und Musiktherapiestunden bewährt. Sie sind themenbezogen zusammengestellt, eignen sich für verschiedene Anlässe und sollen helfen, das ganze Jahr mit Liedern zu begleiten.

Für jedes Lied sind Begleitakkorde für Gitarre, Akkordeon oder Klavier angegeben. Bei der Wahl der Tonlage wird auf den heute allgemein etwas tieferen Stimmumfang der meisten Menschen Rücksicht genommen. Bei vielen Liedern steht in „Freude am Singen" auch eine bewusst einfach gesetzte zweite Stimme zur Verfügung. Das zweistimmige Singen bedeutet eine wesentliche Klangerweiterung und sorgt besonders bei Singkreisen oder Chören für noch mehr Motivation und Freude bei den Sängerinnen und Sängern.

Die Praxishinweise zu jedem Lied sollen den interessierten Sängerinnen und Sängern helfen, sich in der großen Anzahl von Liedern zurechtzufinden und für den Einsatz in der Praxis eine, der jeweiligen Situation angemessene Auswahl zu treffen.

Beim gemeinsamen Singen und Musizieren in der Gruppe entsteht eine Atmosphäre, die vielen Menschen ermöglicht, ihre Gefühle und Gedanken auszutauschen und sich zu öffnen. Wo sonst können so viele Stimmen harmonisch mit einer Stimme sprechen, als bim Singen von Liedern. Alle sind eins und doch wieder jeder für sich einzigartig im individuellen Klang. Die Musik bringt neue Energie, setzt Erinnerungen frei und verschönert dadurch den Alltag.

Für die, deren Stimmen nicht mehr so kräftig sind oder die Probleme mit Text und Melodie haben, bietet es sich zusätzlich als sinnvolle Alternative an, die Lieder mit elementaren Musikinstrumenten (s.u.) zu begleiten. Sie sind leicht zu bedienen und können auch bei körperlichen Behinderungen meist noch gut gespielt werden.

Deshalb enthält dieses Buch neben Kommentaren zur Geschichte und zum Inhalt der Lieder auch Hinweise zur praktischen Anwendung in der musikalischen Arbeit mit Musikinstrumenten.

Liedbegleitung mit Musikinstrumenten

In diesem Buch wird zwischen Rhythmusinstrumenten, die nur rhythmische Begleitung ermöglichen, und dem Orff'schen Instrumentarium unterschieden, das, mit Hilfe der dazugehörigen verschiedenen Stabspiele, auch das Spielen von Melodien ermöglicht.

Folgende Instrumente eignen sich:

Rhythmusinstrumente:
Pauke, Bongo, Marschtrommel, Rahmentrommel, Rassel, Kastagnette/Stabklapper, Klangstab, Holzblocktrommel, Schellentamburin, Glockenring, Schellen, Becken, Triangel, Cymbeln, Schnarre, Guero u.v.a.
Das Angebot in den Musikgeschäften ist hier sehr vielfältig, bei der Anschaffung sollte man auf ein abwechslungsreiches Sortiment achten, um ein breites Klangspektrum zu erreichen.

Orff'sches Instrumentarium:
Stabspiele: Glockenspiel, Xylophon, Metallophon, Klingende Stäbe, Marimbaphon, Vibraphon, zusätzlich die o.a. Rhythmusinstrumente.
Als Einstieg eignen sich hier besonders die Klingenden Stäbe, die als Einzeltöne erhältlich sind.

Selbst gebaute Instrumente:
Bambusstäbe (sehr zu empfehlen, da billig und leicht herzustellen), Dosenrasseln, Besenstielbass, Kistentrommel, Blumentopf trommeln, Glasophon (abgestimmte, mit Wasser gefüllte Gläser), u.a.
Aufgrund der besseren Qualität und der guten Klangeigenschaften der industriell hergestellten Musikinstrumente sind selbst gebaute Instrumente oft nicht so ausgereift im Klang, können aber durchaus einmal ausprobiert und eingesetzt werden, denn das Herstellen von Musikinstrumenten ist eine gewinnbringende und kreative Tätigkeit.

Melodiebegleitung mit Orff'schen Instrumenten

Improvisation bedeutet, beim Musizieren neue, individuelle Wege zu gehen. Besonders in der Gruppe ermöglicht es allen Teilnehmern, gleichzeitig zu kommunizieren, einen Rhythmus zu haben und gemeinsam zu schwingen. Dieses, nur in der Musik mögliche Erlebnis, ist eine emotionale Erfahrung die aus Isolation, Lethargie und Trauer herausführen kann und ganzheitlich aktiviert.
Bei der Improvisation mit Liedern ist es wichtig, Grundrhythmus und Melodie auf den Musikinstrumenten dem Takt und der Tonart anzupassen, denn nur so kann ein harmonisches Zusammenspiel entstehen. Es bieten sich dafür nur Lieder an, die keine (C-Dur) oder nur wenig Halbtöne haben, um Dissonanzen zu vermeiden.
Dazu gehören z.B.: G-Dur (Fis), D-Dur (Fis, Cis), F-Dur (B)

Pentatonische Tonleiter

Man kann Dissonanzen ebenfalls vermeiden, indem man eine pentatonische (aus fünf Tönen bestehende) Tonskala benutzt, die in vielen Völkern in der Südsee, Ostasien und Afrika Verwendung findet. In ihr sind die kritischen „Leittöne", die als Halbton zu dem Grundton drängen, nicht enthalten. Daher ist die Spannung aus der Tonleiter genommen und die einzelnen Töne können sogar gleichzeitig erklingen ohne zu größeren Reibungen zu führen.

Beispiel:
Pentatonische Skala in C-Dur:

Quinten

Als Basis zur Improvisation eignen sich besonders die Quinten der jeweiligen Tonart.
Hier werden die Quinten der wichtigsten Tonarten angegeben, die als **Bordunbegleitung** (ursprünglich Begleit- oder Halteton z.B. beim Dudelsack) zu vielen Liedern gespielt werden können:

(Für die Molltonarten sind es übrigens die gleichen Quinten)

Begleitostinato

In der Arbeit mit Orff'schen Instrumenten hat sich das Ostinato als leicht erlernbare musikalische Form bewährt. Ein Ostinato besteht aus einer ständig wiederholten melodischen oder rhythmischen Formel, die sich der Spielende gut einprägen kann und die es ihm ermöglicht, Lieder zu begleiten.

3/4 Takt

4/4 Takt

194

Rhythmusbegleitung

Der Takt ist Ausgangspunkt für die freie, rhythmische Begleitung. Es ist wichtig, den Schwerpunkt des Taktes zu betonen, um den Mitspielern eine Orientierung für das Spielen anzubieten.

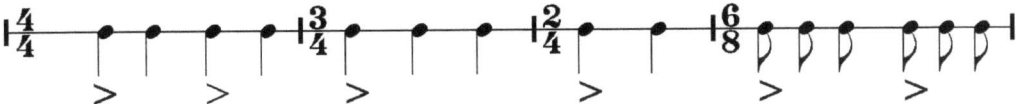

Wahl der Instrumente

Beim Spielen muss Klangqualität des Instrumentes beachtet werden. Die langklingenden Metallinstrumente (Glockenspiel, Metallophon, Triangeln) eignen sich eher für längere Notenwerte (Halbe, Ganze) und sollten wohldosiert eingesetzt werden. Die kurz klingenden Trommeln oder Holzinstrumente (Xylophon, Klangstäbe etc.) eignen sich auch für kürzere Notenwerte (Viertel, Achtel, Sechzehntel).

Um Dissonanzen zu verhindern, die durch übermäßiges Spielen auf den Metallinstrumenten entstehen und viel Unruhe und Stress in den Gruppenklang bringen können, sollte man nicht zu viel davon einsetzen. Der helle Klang des Metalls wird hauptsächlich mit dem Kopf wahrgenommen und kann daher die Konzentration fördern und aktivierend auf die Sinnesorgane wirken.

Die weichen und warmen Töne der Holzinstrumente und die tiefen Töne der Pauken und Trommeln dagegen erzeugen Schwingungen des Zwerchfells und wirken intensiv auf den Bauchbereich. Sie können Spannungen lösen und die Gruppe durch das Mitschwingen in einen gemeinsamen Rhythmus bringen.

In der Praxis hat sich besonders das Orff'sche Instrumentarium bewährt, weil es durch seine vielen verschiedenen Instrumente ein breites Klangspektrum besitzt und so den ganzen Körper anspricht.

Begleitinstrumente

Es ist vorteilhaft, den Chor oder die Musiker mit den Orff'schen Instrumenten mit einem Begleitinstrument wie Gitarre, Akkordeon oder Klavier zu unterstützen. Die Stimmen und die Musizierenden bekommen dadurch Orientierung und die Melodie kann sich an den Akkorden orientieren. In diesem Buch sind für fast alle Lieder die Begleitakkorde angegeben.

Akkordsymbole

Die Symbole bedeuten (am Beispiel C) :

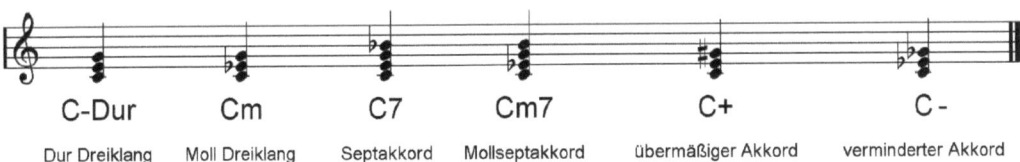

195

Folgende Instrumente sind für die Akkordbegleitung besonders gut geeignet:

Klavier: Das klassische Begleitinstrument, leider nicht überall vorhanden und wenig mobil.

Gitarre: Das beliebteste Begleitinstrument, gut transportabel, schnell erlernbar, kann auch ohne Notenkenntnisse gespielt werden (nach Akkordsymbolen spielen).

Akkordeon: Melodie und Akkorde können gleichzeitig gespielt werden. Es spricht sofort an und kann durch seine Dynamik mitreißen.

Keyboard: Ein elektronisches Instrument, das durch seine technischen Hilfen auch Anfängern schnell das Begleiten eines Liedes ermöglicht. Hat meist nicht die Dynamik und Kraft der natürlichen Instrumente, kann aber eine gute und preiswerte Alternative zum Klavier sein und ist auch noch für ältere Menschen erlernbar. Mit Hilfe der Begleitautomatik ist es schnell möglich, sich selbst beim Singen zu begleiten. Außerdem ist „das Keyboard ein ausgezeichnetes Gerät für Gedächtnistraining" und kann ein „Messgerät für den Stand der Konzentration" sein (Keyboard für Senioren, Martin Kirchmeyer 1989).

Das Singen

Singen ist die ursprünglichste und direkteste musikalische Betätigung des Menschen. Sie muss aber vorbereitet werden. Deshalb sollte man sich unbedingt einsingen, bevor man mit dem Singen von Liedern anfängt. Leichte Übungen mit Vokalen oder Silben über verschiedene Tonlagen machen die Atmung, den Kehlkopf und die Stimmbänder bereit und erhöhen die Spannung der Muskulatur.

Wichtig ist auch eine gute und gerade Körperhaltung (bitte beim Sitzen nicht die Beine übereinander schlagen). Die optimale Singhaltung ist das Stehen, denn hier kann das Zwerchfell am besten arbeiten. Deshalb bietet es sich auch immer an, ein Lied einmal im Stehen zu singen.

Man beginnt am besten mit einem Begrüßungslied, das der Tages- oder Jahreszeit angemessen ist und singt dann die ausgewählten Lieder. Es hat sich bewährt, als Begrüßung und auch als Abschluss immer dasselbe Lied zu singen. Man kann es dann bald auswendig und wird so mehr Freude haben, die anderen musikalisch zu begrüßen.

Volkslieder sind für alle da, man kann mit ihnen frei und kreativ umgehen. Beim Singen und Spielen wird man den größten Erfolg haben, wenn man sich den Liedern überlässt, da Melodien und Texte stets anregend wirken.

Anmerkungen zu den Liedern

Ach wie ist's möglich dann [Seite 137]

Ein Liebeslied von der Dichterin Helmina de Chézy, (1783-1856). Sie schrieb u.a. die Libretti für Franz Schuberts „Rosamunde, Fürstin von Zypern" sowie Carl Maria von Webers „Euryanthe" und auch einige ihrer Gedichte wurden vertont (u.a. Schubert). Nach einer 1805 geschlossenen, unglücklichen und bald (1810) getrennten Ehe mit dem französischen Orientalisten Antoine-Léonard de Chézy in Paris kehrte sie nach Deutschland zurück und widmete sich nun ganz ihrer literarischen Arbeit. Während der Befreiungskriege 1813 pflegte sie Kriegsverwundete. Die hier abgedruckte eingängige Melodie nach einer Weise von Fr. W. Kücken ist von Friedrich Silcher 1827 umgearbeitet worden.

Zum Singen ohne Begleitung gut geeignet.
Ruhiger 2/4-Takt

Ade zur guten Nacht [Seite 16]

Ein Abendlied, das wegen seiner ruhigen und fließenden Melodie gerne gesungen wird. Es ist aber auch ein Liebeslied, das den Trennungsschmerz eines Mannes beschreibt. Es entstand bereits 1848 und wurde zunächst nur in der Rheinpfalz, in Franken und in Sachsen gesungen. Durch die Jugendbewegung fand es dann den Weg in alle Gebiete Deutschlands. Die 4. Strophe ist es wert, auch einmal thematisch angesprochen zu werden, wird hier doch von „den Mädchen in der Welt" gesprochen, die alle so „falsch" sind. Ein Anlass, vielleicht einmal über eigene Enttäuschungen zu reden!?

Als Begleitung eignen sich leise gespielt z.B. Triangel, Glockenspiel oder Metallophon.
Ruhiger 4/4-Takt

Alle gute Gabe [Seite 14]

Ein musikalisches Dankgebet, das gut nach gemeinsamen Mahlzeiten gesungen werden kann. Matthias Claudius, der Hamburger Dichter (Der Mond ist aufgegangen) und Mitarbeiter der seinerzeit sehr bekannten Lokalzeitung „Wandsbecker Bothe" (1771-1775), in der er Lyrik und Erzählungen veröffentlichte, hat dazu den Text geschrieben.

Ein kleines Lied zum Singen.
Ruhiger 4/4-Takt

Alles neu macht der Mai [Seite 103]

Ein früher sehr beliebtes Maienlied mit der Melodie von „Hänschen Klein", das schon zur Jahrhundertwende in der Kinderliedersammlung „Sang und Klang fürs Kinderherz" (1909) von Prof. Engelbert Humperdinck (Komponist u.a. von Hänsel und Gretel) enthalten war und deshalb auch zu den klassischen Kinderliedern gezählt werden kann. Es ist aber auch in vielen Volksliederbüchern als Frühlingslied enthalten und hat weite Verbreitung bei allen Generationen gefunden. Der Autor Hermann Adam von Kamp (Lehrer in Mülheim a.d. Ruhr /1796-1867) schrieb den Text 1818 und veröffentlichte ihn in seiner eigenen Sammlung: „Lautenklänge". Die Volksweise stammt von dem heute unbekannten Jäger-lied „Fahret hin" (1710).

Muntere Begleitung mit Orff'schen Instrumenten empfehlenswert.
Lebhafter 4/4-Takt

Alle Vögel sind schon da [Seite 35]

August Heinrich Hoffmann von Fallersleben dichtete 1835 dieses Frühlingslied. 1843 zum ersten Mal gedruckt, gehörte es von nun an zu den beliebtesten Kinderliedern. Die Melo-die stammt aus Schlesien („Nun, so reis ich fort von hier") und eignet sich besonders gut als Einstieg in eine gemeinsame Musizierstunde im Frühling und Frühsommer. Es ist den meisten Menschen wohl bekannt und wirkt durch seine Lebendigkeit und aufstrebende Melodie anregend und belebend.
Das beschriebene Singen der Vögel kann als Anregung zum Singen und Musizieren in der Gruppe verwendet werden und bietet begleitend auch Gesprächsstoff über Erlebnisse mit Vögeln, Spaziergängen in der Natur usw.

Als Begleitinstrumente bieten sich Orff'sche Instrumente an.
Man kann dabei die Teilnehmer nach ihren Lieblingsvögeln fragen und gemeinsam ein Instrument aussuchen, das den Vogel akustisch darstellt.
Beispiele:
Specht: Holzblocktrommel, Nachtigall: Glockenspiel, Eule: Blockflötenkopf(hinten mit der Hand abwechselnd zuhalten und öffnen, Kuckuck: Xylophon (Töne A + Fis)
Lebhafter 4/4-Takt

Als wir jüngst in Regensburg waren [Seite 178]

Dieses Lied, bei dem die Mädchen und Jungen abwechselnd aufstehen oder sich setzen, stammt schon aus dem 17. Jahrhundert. Kugler und Reinick (Liederbuch für deutsche Künstler, Berlin 1833) brachten es dann unter dem Titel „Ei, du mein lieber Schiffsmann mein" heraus. Ein Jodellied, ursprünglich aus Bayern, das hauptsächlich durch die Bearbeitung Friedrich Silchers (u.a. im Deutschen Kommersbuch) in ganz Deutschland bekannt wurde.
Die vielen Dreiklänge in der Melodie stellen einige Anforderungen an die Sänger/innen, deshalb empfiehlt es sich, nicht mit diesem Lied anzufangen, sondern sich vorher „warm-zusingen." Der weite Tonumfang übt dann jedoch Stimme und Atmung.

Als Liedbegleitung eignen sich neben Orff'schen Instrumenten auch Körperinstrumen-te (z.B. Klatschen, Patschen auf die Knie).
Erzählender 4/4-Takt

198

Am Brunnen vor dem Tore [Seite 17]

Dieses Volkslied eignet sich gut für stimmungsvolle Sangesrunden. Es erzählt von einem Lindenbaum, der für den Erzähler eine besondere Bedeutung hat. Die Beziehung des Menschen zu Bäumen steht für seine Verbundenheit zur Natur und zur Heimat. Viele haben einen besonderen Baum, der sie in der Kindheit begleitet hat. Dieses Lied kann Anlass sein, Erinnerungen an vergangene Kletterspiele, Schnitzereien oder andere Begegnungen zu wecken. Der berühmte Dichter Johann Ludwig Wilhelm Müller (1794-1827) hat es 1821 für seine Gedichtreihe „Die Winterreise" geschrieben.

Müller, dessen Gedichte von fast 250 Komponisten vertont wurden aber den kaum jemand kennt, kam am 7. Oktober 1794 als siebtes Kind des Schneidermeisters Christian Leopold Müller und seiner Frau Marie Luise Leopoldine in Dessau zur Welt. 1812 studierte er klassische Philologie in Berlin und wurde dort Mitglied der „Berliner Gesellschaft für deutsche Sprache". Hier lernte er die Gebrüder Grimm, Friedrich de la Motte Fouqué und Clemens Brentano kennen. Nach dem Studium wurde er an der Dessauer Hauptschule Gehilfslehrer mit einem äußerst geringen Gehalt. Erst ab 1820 war seine Existenz gesichert, denn er durfte die Hofbibliothek des Herzogs Leopold Friedrich leiten und dichtete fortan fleißig. 1821 gelang Müller auch eine seiner wichtigsten poetischen Arbeiten — die erste der beiden Sammlungen der „Waldhornisten-Lieder". Die zweite Sammlung erschien 1824. Franz Schubert sollte später daraus „Die schöne Müllerin" und „Die Winterreise" vertonen. Die strenge Zensurbehörde reagierte und verbot einige seiner Lieder. Mit seinen insgesamt sechs Heftchen von Griechenliedern stellte sich Wilhelm Müller an die Spitze der deutschen Philhellenismus-Bewegung. Er hatte Kontakt mit Goethe, August Wilhelm Schlegel, Wilhelm Hauff, Ludwig Uhland und Gustav Schwab. Wilhelm Müller starb am 1. Oktober 1827 in Dessau, kurz vor seinem 33. Geburtstag.

Begleitung: Rasseln, Schüttelrohre etc., die das Rauschen des Baumes simulieren.
Der ruhige, schwingende Rhythmus des Liedes kann leise mit Geräuschinstrumenten begleitet werden.
Ruhiger 3/4-Takt

An der Saale hellem Strande [Seite 179]

1826 geschrieben vom Kunsthistoriker Franz Kugler als Berliner Student. Mit der Melodie des Braunschweiger Pianisten und Liedkomponisten Alexander Ernst Fesca, die eigentlich für einen anderen Text („Heute scheid ich") gedacht war, wurde es um 1840 zum bekannten Volkslied, das melancholisch und mystifizierend an vergangene Ritterzeiten, Schlösser und Burgen erinnert und in ganz Deutschland gesungen wird. Es eignet sich als Begleitung von Vorlesestunden alter Sagen und Märchen, erinnert aber auch an die schönen Schlösser an der Saale.

Begleitung: Orff'sches Instrumentarium
Beispiel für Stabspielbegleitung: Schweifende Quinten (mittelalterlicher Stil).
Der Grundton D (linke Hand) bleibt liegen, während die Quinte A (rechte Hand) von den umliegenden Tönen umspielt wird.
Ruhiger 3/4-Takt

Ännchen von Tharau [Seite 180]

Die ursprüngliche plattdeutsche Fassung vom Domschulrektor Simon Dach ist 1644 zur Hochzeit der Pfarrerstochter Anke Neander aus Tharau (nahe Königsberg) entstanden und hatte eine andere Melodie. Die heute bekannte hochdeutsche Fassung, die Goethe „so recht von Grund auf herzlich" fand, schuf 1778 Joh. Gottfried Herder zu einer neuen Melodie von Friedrich Silcher (1825), der sie für einen vierstimmigen Männerchor mit abgehobener Tenorstimme komponierte.
Bemerkenswert ist die Beschreibung der Kraft der Liebe, die hilft, durch so viel Elend und schlimme Ereignisse gemeinsam zu gehen. Ein Lied, das Emotionen wecken kann und deshalb sensibel eingesetzt werden sollte.

Dezente Instrumentalbegleitung mit Rhythmusinstrumenten möglich.
Ruhiger 3/4-Takt

Auf der Lüneburger Heide [Seite 58]

Der Dichter Hermann Löns hat den Text zu diesem weit verbreiteten Heidelied geschrieben. Löns beschäftigte sich in seiner Lyrik und seinen Erzählungen hauptsächlich mit der Lüneburger Heide und hat dabei liebevoll die Tier- und Pflanzenwelt beschrieben. Dieses Lied ist heute auf volkstümlichen Festen in Norddeutschland immer wieder zu hören und erfreut sich großer Beliebtheit. Es motiviert sofort zum Mitsingen und Mitspielen auf Instrumenten, denn der Marschrhythmus hat meist eine belebende und mitreißende Wirkung.

Begleitung mit Orff'schen Instrumenten empfehlenswert.
Marschmäßiger 4/4-Takt

Auf de schwäbsche Eisenbahne [Seite 118]

Schwäbisches Volkslied — aus dem Tübinger Kommersbuch (1853), das von einem Missgeschick eines Bauern berichtet. Es kann mit viel Schwung und Spaß vorgetragen werden, ist aber für „Nicht-Schwaben" durchaus schwierig zu singen.
Lustig sind auch neuere Textfassungen, wie diese des Mädchencafés Reutlingen, die damit auf ihre Art gegen die hohen Fahrpreise der Bundesbahn aufmerksam machten:
„Uff d'r schwäbsche Eisenbahne'/ Semm'er älle schwarz gefahre'/ Gehn zum Schalter lupfet d´r Hut/ A Jugendkärtle send´s so guat." Oder folgende Version, die Werbung für die schwäbische Schmalspurbahn Öchsle macht, die heute noch durch Biberach fährt: „Mittadrinn in Oberschwabe/ fährt a schwäbsche Eisenbahne, / se hoißt Öchsle und gib acht / d' findscht se glei bei Biberach."

Kann gut rhythmisch begleitet werden.
Lebendiger 2/4-Takt

200

Auf unsrer Wiese gehet was [Seite 99]

Hoffmann von Fallersleben, der am 2. April 1798 in Fallersleben als Drittes von fünf Kindern des Kaufmanns, Gastwirts und Bürgermeisters Heinrich Wilhelm Hoffmann und dessen Frau Dorothee geboren wurde, war ein großer Liedersammler und hat viele Bücher herausgegeben, die sich mit Volksliedern beschäftigen. Er dichtete neben Volksliedern, Kampfliedern und Hymnen auch am 26. August 1841 „Das Lied der Deutschen" während eines Kuraufenthaltes auf der Insel Helgoland.

Dieses Ratelied eignet sich gut für lustige und anregende Runden. Es lässt sich einfach mit Instrumenten begleiten, die dabei besonders das „schwapp, wapp, wapp" und das „klapper-di-klapp" betonen können. Das Waten des Storches durch die Sümpfe lässt sich auch gut in Bewegung darstellen.

Begleitung mit Orff'schen Instrumenten empfehlenswert.
Schreitender 2/4-Takt

Aus der Jugendzeit [Seite 78]

Ein besinnliches Heimatlied, das von der Erinnerung an die glückliche Jugendzeit erzählt, die für immer verschwunden ist. Ähnliche Gefühle haben heute oft ältere Menschen, wenn sie die Orte ihrer Jugend im Alter wieder betreten und vieles nicht mehr so ist wie früher. Besonders die vielen Flüchtlinge des 2. Weltkrieges durchleben ähnliche Gefühle, wenn sie heute ihre Geburtsorte wieder betreten. Der berühmte Dichter und Professor für orientalische Sprachen in Erlangen und Berlin, Friedrich Rückert (1788-1866), schrieb 1830 das Gedicht (zuerst veröffentlicht im „Musenalm" 1831 von Am. Wendt/Leipzig), das Robert Radecke volkstümlich vertonte.

Ein Lied nur zum Singen.
Ruhiger 3/4-Takt

Beim Kronenwirt [Seite 168]

Ein schwungvolles Hochzeits- und Brautlied aus Süddeutschland, dessen Melodie 1842 zu einem Text aus dem Jahre 1825 entstanden ist und zu dem besonders auf dörflichen Festen oft und gern getanzt wurde. Die Bälle und Tanzvergnügen waren dort oft Höhepunkt für die Jugendlichen und Verheirateten und fanden hauptsächlich in den Wintermonaten statt, wenn die Arbeit auf dem Feld ruhte. Der erste Ball der vor Wintereinbruch stattfand, war früher in vielen Dörfern der Rekrutenball und wurde von den „gemusterten" Burschen ausgerichtet, die dann für zwei Jahre zum Militär einzogen wurden. Es folgte meist der Katharinenball, der von den Mädchen als geschlossener Ball ausgerichtet wurde. Bis 12 Uhr forderten die Mädchen zum Tanz auf, erst danach durften auch die Burschen auffordern. Ein Lied, das heute zum Repertoire von vielen Chören gehört und das auch einmal von Freddy Quinn aufgenommen wurde.

Lebhaftes, lustiges Lied.
Flotter 3/4-Takt

Bolle reiste jüngst zu Pfingsten [Seite 121]

Ein beliebtes Scherzlied „aus dem alten Berlin", das wohl aufgrund seiner drastischen Geschichte so bekannt geworden ist. Es existiert in vielen verschiedenen Versionen und ist nur mündlich überliefert. Man kann sich heute noch gut vorstellen, wie es in den unzähligen Berliner Hinterhöfen von Leierkastenmännern vorgetragen wurde. Der berühmte Berliner Zeichner Heinrich Zille (1858-1929) hat das proletarische Berliner Milieu um die Jahrhundertwende in vielen Zeichnungen verewigt, das in diesem Lied beschrieben wird.

Lebendige Begleitung mit Orff'schen Instrumenten empfehlenswert.
Lustiger 4/4-Takt

Bruder Jakob [Seite 10]

Ein Kanon, der sich gut zu Beginn singen lässt. Das Ding Dong wandert bei mehrstimmiger Ausführung im Raum herum und bietet so einen schönen Klangeffekt. Man kann ihn noch verstärken, indem man das Ding Dong mit Instrumenten spielen lässt.

Begleitung mit Glöckchen und anderen Metallinstrumenten sinnvoll.
Ruhiger 4/4-Takt

Brüderchen, komm tanz mit mir [Seite 97]

Ein bekanntes Kinderlied vom Komponist Engelbert H. Humperdinck (1854-1921), der es in seiner bekannten Oper „Hänsel und Gretel" (1893) als Duett der beiden Kinder komponiert hat, die lieber tanzen als mit dem Besen das Elternhaus sauber zu machen. Er hat damit das beliebte Volkslied berühmt gemacht.
Es motiviert zum Singen, Musizieren oder Tanzen. In vielen Kindergruppen gehört es zum Standardrepertoire der Bewegungslieder. Beim Seniorentanz kann es ebenfalls gut eingesetzt werden, denn das Klatschen und mit den Füßen stampfen geht im Stehen wie auch im Sitzen und macht viel Spaß.

Schwungvolle, rhythmische Begleitung mit Instrumenten empfehlenswert.
Tipp: Dabei Variationen in Lautstärke und Tempo ausprobieren.
Variabler 4/4-Takt

Bunt sind schon die Wälder [Seite 46]

Der Lyriker und spätere Schweizer Politiker Freiherr von Salis-Seewies dichtete dieses wunderschöne Lied schon als Student im Jahre 1782. Es wurde dann 1786 veröffentlicht. Dazu schrieb der Hofkapellmeister Friedrichs des Großen, Johann Friedrich Reichardt die eindringliche Melodie. Das Lied wurde 1799 in Leipzig im Sammelband „Lieder für die Jugend" das erste Mal veröffentlicht und erfreut sich seitdem größter Beliebtheit. Es beschreibt eindrucksvoll den Herbst mit seinen Erscheinungsformen in der Natur und kann deshalb auch gut jahreszeitlich eingesetzt werden. Für die Gruppenarbeit bietet es sich an, Naturmaterialien mitzubringen und so das Lied einzuführen (vielleicht mit einem Ratespiel: Welches Lied gehört zu diesen Gegenständen?).

Der schwingende 6/8-Takt kann gut mit Instrumenten begleitet werden.
Dabei können die Strophen auch unterschiedlich instrumentiert werden:
1. Strophe: Rasseln, Fingerspitzen auf Trommelfell reiben
2. Strophe: Triangeln, Glöckchen, Metallophon
3. Strophe: Trommeln, Xylophone, 4. Strophe: alle Instrumente

C - a - f - f - e - e [Seite 120]

Ein Kanon, der auf das Thema Gesundheit eingeht und schon im letzten Jahrhundert vor dem Genuss des damals noch nicht so weit verbreiteten Kaffees warnt. Er ist schön zu singen und kann Anlass zu einigen Gesprächsthemen bieten, das Kaffee trinken hat ja bei vielen Menschen einen wichtigen Stellenwert im Tagesablauf. Früher wurde in den „schweren Zeiten" kein Bohnenkaffee, sondern „Blümchenkaffee", Getreidekaffee oder Malzkaffee getrunken — auch daran kann dieses Lied erinnern. Als Quodlibet (d.h. parallel kann dazu ein anderes Lied gesungen werden) bietet sich „Es tönen die Lieder" an.

Das Begleiten mit Instrumenten macht bei diesem humorvollen Lied großen Spaß und ist schon mit einfachen Rhythmusinstrumenten sinnvoll.
Lebhafter 3/4-Takt

Da streiten sich die Leut herum [Seite 166]

Eine der bekanntesten „deutschen" Volksweisen aus dem Volksstück „Der Verschwender" des Dramatikers Raimund (1790-1836), uraufgeführt 1834. Volkstümlich wurde das Lied wegen seiner einschlägigen, schlichten Art — sowohl vom Text als auch von der Musik her. Raimund, der Sohn eines Drechslers, war mit dem Holz verarbeitenden Handwerk wohl vertraut. Schon mit 14 war Raimund Vollwaise und schlug sich danach mehr schlecht als recht durch. Vielleicht rührten die schweren Depressionen und Versagensängste, unter denen Raimund später litt, aus dieser Zeit. Obwohl er später finanziell erfolgreich war und sich ein respektables Haus leisten konnte, machte ihm Antonie Wagner, mit der er in „wilder Ehe" zusammenlebte, das Leben nicht leicht. Als Tochter eines Kaffeehausbesitzers hielt sie sich für etwas Besonderes. Raimund rächte sich auf seine Weise, heißt es doch im Hobellied: „Oft zankt mein Weib mit mir, oh Graus! ... " Zu seiner Popularität trugen bekannte Schauspieler und Sänger bei, insbesondere die Interpreten des sog. Wiener Liedes — dazu zählten u.a. Paul Hörbiger und Hans Moser. Das Hobellied ist zu einer Art Zunftlied der Tischler geworden.

Muntere Begleitung mit Orff'schen Instrumenten empfehlenswert.
Lebhafter 4/4-Takt

Danket, danket dem Herrn [Seite 14]

Ein christlicher Kanon, der gut als Tischgebet aber auch als Abschluss von Musizierstunden gesungen werden kann. Interessant ist es, dazu einmal den betreffenden Psalm 106 vorzulesen, in dem es um die Vergebung für die Taten des Volkes Israel geht.

Ein Lied zum Singen, man kann dabei Rhythmusinstrumente einsetzen.
Ruhiger 4/4-Takt

Das Friesenlied [Seite 86]

Dieses Lied hat eine erstaunliche Odyssee hinter sich. Im Jahr 1907 stand in den „Meggendorfer Blättern" ein Gedicht, das in plattdeutscher Sprache, genauer: In vorpommerschem Platt verfasst war. Die Dichterin Martha Müller-Grählert, (geb. am 20.12.1876 in Zingst/Vorpommern), schrieb dort: „Wo de Ostseewellen trecken an den Strand, wo de geele Ginster bläuht in'n Dünensand; wo de Möwen schriegen grell int Sturmgebrus, dor is miene Heimat, dor bün ik to Huus."
Müller-Grählert dichtete noch weitere plattdeutsche Werke, wusste aber, dass sie nicht zur ersten Dichterriege gehörte. Selbstironisch verfasste sie folgenden Satz: „Lütten Sparling bün ick man, /min Kunst is eng umschräben —/doch möt't uck Sparlings gäben!" (Ein kleiner Sperling bin ich nur, /meine Kunst ist sehr begrenzt doch es muss auch Sperlinge geben). In Einsamkeit und Armut und fast völlig erblindet starb sie am 19. November 1939. Auf ihrem Grabkreuz in Zingst steht der Vers aus ihrem bekanntesten Lied: „Hier is mine Heimat, /hier bün ick to Hus." Die Melodie stammt von Simon Kranich aus Zürich. Die hier vorliegende Fassung ist als Friesenlied bekannt, in dem die Ostsee- zu den Nordseewellen werden. Das Lied regt zum Singen, Tanzen oder Bewegen an und sorgt auf geselligen Veranstaltungen für Stimmung.

Begleitinstrumente können den Walzertakt gut unterstützen.
Tipp: Man kann sich gut dazu an den Händen fassen und schunkeln.
Ruhiger 3/4-Takt

Das Laub fällt von den Bäumen [Seite 47]

Ein altes Herbstlied, dessen Melodie auch zu den unbekannteren Liedern „Es wollt' ein Reiterjagen" (Philipp Nicolai, in „Feyner, kleyner Almanach" 1777) und „Ich hab die Nacht geträumet" (1820) gehört. Es ist in Moll geschrieben ist, um die Herbststimmung angemessen wiederzugeben. Geschrieben hat es der deutsche Liederdichter Siegfried August Mahlmann (1771-1826), der auch praktischer Landwirt war. Er verfasste dieses schöne Herbstlied 1805, war aber neben seiner Poesie auch politisch aktiv und wurde sogar 1813 als Gefangener in die Zitadelle nach Erfurt gebracht, da er gegen die französischen Unterdrücker in seinem Vaterland protestierte. Nach der Völkerschlacht bei Leipzig (16.-19.10.1813) wurde er wieder frei und kaufte 1814 Rittergut Unter- und Obernitzschka, um hier seinen Lebensabend verbringen zu können. Dort dichtete er auch die Sachsenhymne: „Gott segne Sachsenland" im Jahre 1815.

Ein Lied zum Singen.
Ruhiger 6/8-Takt

Das Lieben bringt groß Freud [Seite 138]

Ein einfaches Liebeslied, indem die Liebe zu einem Mädchen beschrieben und verherrlicht wird. Hier geht es nur um die Freude an der Liebe, die möglichst bis ans Ende des Lebens halten soll. Ein schwäbisches Volkslied mit Quellen, die wohl auch im Taunus und in der Lahngegend nachweisbar sind, das vom großen Chorleiter und Komponisten Friedrich Silcher (1789-1860) u.a. im deutschen Kommersbuch und 1825/1826 in der Sammlung

„Volkslieder für Männerstimmen" in ganz Deutschland bekannt gemacht worden ist. Durch die Jugendbewegung wurde es später besonders weit verbreitet.

Rhythmusinstrumente können eingesetzt werden.
Mäßiger 4/4-Takt

Das Wandern ist des Müllers Lust [Seite 59]

Ein Wanderlied, das der Dichter und Gelehrte Prof. Wilhelm Müller (1794-1827), der u.a. Lehrer für alte Sprachen an der Gelehrtenschule in Dessau war, innerhalb seines Gedichtbandes: „Die schöne Müllerin" (ca. 1820) herausgegeben hat (s. a. „Am Brunnen vor dem Tore"). Müller, dem damals zunächst viele Freunde geraten hatten, seine Gedichte doch unter einem Pseudonym herauszugeben und nicht unter seinem Allerweltsnamen „Müller", hatte damit genau das Gegenteil getan und viel Erfolg gehabt. Franz Schubert vertonte den Band als Kunstliederzyklus „Des Müllers Lust und Leid" und der Thomaner und Meininger Musikdirektor Carl Friedrich Zöllner (1800-1860) komponierte die endgültige Volksliedmelodie (1844), die das Lied zu einem der bekanntesten deutschen Wanderlieder machte. Es lohnt sich bei diesem Lied, Instrumente einzusetzen. Die verschiedenen Themen: Wandern, Wasser, Räder (Bewegung) und Steine können gut musikalisch dargestellt werden. Das Mitbringen von (selbst gesammelten) Steinen, Rädern (z.B. Spielzeug) und der Einsatz von Wasser kann das Erleben des Liedes weiter bereichern.

Begleitung mit Orff'schen Instrumenten:
Wandern: Schritte auf der Pauke nachspielen / Wasser: Accelerando auf Stabspielen
(Schlägel über die Töne ziehen) / Räder: Drehbewegungen auf Handtrommeln /
Steine: Auf Holzblocktrommeln spielen
Lebhafter 4/4-Takt

Dat du min Leevsten büst [Seite 139]

Zu der Melodie des norddeutschen Liedes „Lasst uns ihr Brüder" (1778) entstand 1845 dieses lustige, erotische Lied, das auf plattdeutsch von einem sich für die Nacht im Elternhaus verabredenden Liebespaar erzählt. K. Müllenhoff brachte den Text 1845 in Kiel heraus, die Melodie wurde im „Niederdeutschen Liederbuch" Hamburg und Leipzig 1884 veröffentlicht. Das Lied ist eine gute Gelegenheit, über eigene Erfahrungen mit ersten Liebeserlebnissen, trotz elterlicher Verbote oder eigener moralischer Bedenken, nachzudenken und zu berichten. Die Lockerheit des Liedes überträgt sich dabei und so wird man vielleicht einige lustige Anekdoten zu hören bekommen, wenn man das Thema in einer Gruppe anspricht (Texthinweise: Sachen = sachte, henlank = entlang, lies = leise)

Begleitung mit Orff'schen Instrumenten empfehlenswert, evtl. je Strophe (nach Inhalt des Textes) unterschiedliche Instrumente (5. Strophe: pianissimo!).
Die angegebene Xylophonstimme kann auch von anderen Stabspielen gespielt werden.
Lebhafter 3/4-Takt

205

Der Kuckuck und der Esel [Seite 34]

Ein lustiges Lied, das einen musikalischen Wettstreit darstellt. Der Streit der beiden besonders bekannten Tiere, denen ja auch einige Sprichwörter und Redensarten gewidmet sind, kann auch als Fabel für menschliche „Konkurrenz" gelten und im Gespräch erläutert werden. Frage: „Welche Sprichwörter fallen Ihnen zu diesen Tieren ein?"
Die Melodie zu dem pfiffigen Text von Hoffmann v. Fallersleben komponierte der Komponist Karl Friedrich Zelter (1758-1832) im Alter von 52 Jahren. Er wurde als junger Mann zunächst Maurer und nahm nebenher Musikunterricht. Seinen Durchbruch als Musiker erzielte er 1786, als anlässlich des Todes Friedrichs II. eine von ihm komponierte Trauerkantate in der Potsdamer Garnisonkirche aufgeführt wurde. Danach wurde er besonders als Liedkomponist bekannt. Er war Freund Goethes und leitete die Sing-Akademie zu Berlin — der erste Gesangsverein Deutschlands. Dort unterrichtete er 1821 den zwölfjährigen Felix Mendelssohn-Bartholdy. 1809 wurde Zelter Professor an der königlichen Kunstakademie.

Begleitung mit Orff'schen Instrumenten empfehlenswert.
Tipp: Eine Instrumentengruppe spielt „Kuckuck", die andere „Esel", je nach Textinhalt begleiten dann die dazu gehörigen Gruppen das Lied.
Lebhafter 4/4-Takt

Der Mai ist gekommen [Seite 36]

Ein schwungvolles, aktivierendes Frühlingslied, das den Monat Mai begrüßt und noch heute traditionell in der Nacht zum 1. Mai an der „Lyrabank" in Gehrden (bei Hannover), die zu Ehren seines Komponisten, des musikalischen Gehrdener Pfarrers J. W. Lyra (1822-1882) aufgestellt wurde, feierlich gesungen wird. Fackeln und Lampions geben dabei den Sängern und Sängerinnen ein stimmungsvolles Licht.
Der Text, den der Lübecker Dichter Emanuel Geibel (1815-1884) im Jahr 1835 schrieb, wurde 1841 von ihm noch einmal in Lübeck überarbeitet. Geibel, der gefeierte Lyriker der dt. Einigung unter Preußen, erzählt darin von den Gefühlen eines jungen Burschen, der sein Zuhause verlassen möchte, um in die Natur zu wandern, und beschreibt damit enthusiastisch die „Frühlingsgefühle", die erste warme Tage des Jahres bei vielen Menschen hervorrufen können.

Begleitung mit Orff'schen Instrumenten empfehlenswert.
Tipp: Das Vorklatschen des charakteristischen Rhythmus wird meist sofort erkannt und kann als Einleitung des Singens dienen.
Lebhafter 3/4-Takt

Der Mond ist aufgegangen [Seite 18]

Das wohl bekannteste deutsche Abendlied erschien erstmals 1782 in dem Band „Lieder im Volkston". Da der Text wohl den meisten Menschen bekannt ist, eignet es sich besonders gut als Abschluss für Musikstunden. Das Lied kann durch seinen sensiblen Text Geborgenheit und Trost auch für Kranke geben. Der Dichter Matthias Claudius (1740-1815), der in seinem Leben viele schwere Schicksalsschläge hinnehmen musste (sein erstes Kind starb bei der Geburt) hat seit seiner Kindheit immer Trost bei „Frau Luna" gefunden und seine Erfahrungen in diesem Gedicht verewigt. Es wurde 1773 im „Wandsbecker Bothen"

206

veröffentlicht und fand seine Verbreitung über andere Zeitungen in ganz Deutschland. U.a. ist es auch von Franz Schubert als „Abendlied" vertont worden. Dem aus Lüneburg stammenden Musiklehrer und königl. Hofkapellmeister in Kopenhagen, Johann Abraham Schulz (1747-1800) gelang es jedoch, dem Text die Melodie zu verleihen, die er bis heute behalten hat.

Begleitinstrumente sind hier sehr dezent einzusetzen.
Ruhiger 4/4-Takt

Der treue Husar [Seite 140]

Ein Liebes- und Marschlied über einen Husaren, das sich besonders als Stimmungslied großer Beliebtheit erfreut. Die Strophen zwei und drei, die meist nicht gesungen werden, offenbaren aber den tieferen Sinn des Liedes. Die Sorge über die schwer erkrankte Geliebte treibt den Soldaten nach Hause, wo er mit Hilfe der Mutter Licht ins Dunkel bringen will. Eine dramatische Situation, die offen endet. Man sollte sich Zeit nehmen über das Lied nachzudenken, es kann helfen, eigene Ängste oder Hoffnungen auszusprechen und miteinander zu teilen.

Begleitung mit Orff'schen Instrumenten empfehlenswert.
Marschmäßiger 3/2-Takt

Der Winter ist ein rechter Mann [Seite 52]

Ein stimmungsvolles Winterlied, in dem Matthias Claudius Gedicht: „Ein Lied hinter dem Ofen zu singen" von dem Komponisten Johann Friedrich Reichardt (geb. am 25.11.1752 in Königsberg) vertont wird. Reichardt, ein sehr gebildeter und belesener Komponist, war zu Lebzeiten heftigen Kritiken ausgesetzt und hatte es nicht immer einfach. Sein Werk fand aber in allen Schichten wärmste Aufnahme. Seine Lieder sang man z.B. in den Grundschulen Schlesiens, während seine Kammermusikwerke und Singspiele am Hofe von Mecklenburg-Schwerin oder in Hamburg gern und oft gespielt wurden. Er trat nicht nur als „Singekomponist" hervor, er war auch Schriftsteller, Gelegenheitsdichter und Maler, der in mehreren Sprachen zu diskutieren vermochte und zeitweilig überaus produktiv mit Goethe zusammenarbeitete, deren Zusammenwirken aber stets gefährdet war und schließlich an der Nähe Reichardts zur Französischen Revolution zerbrach. Trotzdem sagte Goethe über ihn: „Seine Kompositionen meiner Lieder sind das Unvergleichlichste, was ich in dieser Art kenne." Er war ihm der „denkende Künstler", dem er die Vertonung seiner Singspiele, vor allem aber ein Corpus von über 140 Lyrikvertonungen verdankt. Reichardt starb am 27.06.1814 an den Folgen eines Magenleidens.
Der Pfarrersohn Matthias Claudius (geboren am 15.8.1740 in Reinfeld/Holstein) studierte Theologie und Jura und wurde als Herausgeber des »Wandsbecker Bothen« bekannt. Ab 1777 arbeitete er als freier Schriftsteller in Wandsbek und wurde besonders als Dichter des bekanntesten deutschen Abendliedes „ Der Mond ist aufgegangen" bekannt. Claudius starb am 21.1.1815 in Hamburg.

Kann gut mit Rhythmusinstrumenten begleitet werden.
Flotter 4/4-Takt.

Der Winter ist vergangen [Seite 37]

Die Melodie vom Niederrhein wurde uns von Johann F. Thysius um 1600 im Lauten-Tabulaturbuch überliefert. Er scheint dabei eine aus den Niederlanden stammende Version benutzt zu haben, die wir schon in der „Weimarer Liederhandschrift" (1537) finden können. Die mittelalterlichen Klänge dieses Maienliedes sind seit der Jugendbewegung, Anfang unseres Jahrhunderts, sehr beliebt. Hier wird an den alten Brauch, einen Maibaum zu hauen und der Geliebten vor das Fenster zu stellen, erinnert. Auch das weiter beschriebene Rendezvous unter den Augen eines Wächters zeugt von dem historischen Hintergrund des Liedes. Die in dem Lied enthaltene Geschichte kann mit anderen Worten in der Gruppe neu erzählt werden.

Bordunbegleitung mit Stabspielen kann den mittelalterlichen Klangeindruck verstärken.
Ruhiger 4/4-Takt

Die Affen rasen durch den Wald [Seite 115]

Dieses Lied gehört zu den beliebtesten Kinderliedern und wird auf Fahrten, Festen und anderen Veranstaltungen immer wieder gern gesungen. Manche Strophe ist inzwischen dazu gekommen, wer aber ursprünglich das Lied komponiert hat ist nicht bekannt. Es regt zum Mitmachen an und entspricht damit dem Drang vieler Kinder, sich zur Musik zu bewegen.

Muntere Begleitung mit Orff'schen Instrumenten im Boogie-Rhythmus empfehlenswert.
Lebhafter 4/4-Takt

Die Blümelein, sie schlafen [Seite 19]

Ein „Sandmännchenlied", mit der Melodie von „zu Bethlehem geboren" (Geistlicher Psalter Köln 1638) – entstanden nach einer französischen Air (1599) vermittelt Glück und Geborgenheit aus vergangenen Zeiten. Der aus dem Siegerland stammende Volksliedsammler Anton Wilhelm Florentin von Zuccalmaglio schrieb den Text zu der alten Melodie 1840. Es hat Generationen von Kindern ins Bett gebracht und wird auch heute noch gerne dazu benutzt. Das Bild vom Sandmännchen ist ein Urbild, das Kindern Ruhe und Vertrauen für die Nacht geben kann und ihnen hilft loszulassen und einzuschlafen.
Ein schönes Abendlied, das sich auch als Abschlusslied für Gruppen eignet.

Eventuell Einsatz von leisen Instrumenten (z.B. Glockenspiel ...).
Ruhiger 4/4-Takt

Die Forelle [Seite 181]

Franz Schuberts (1797-1828) Lied „Die Forelle" (1817, Opus 32) ist besonders durch seine spätere Komposition „Forellenquintett A Dur" für Streichquartett und Klavier (1819) weltberühmt geworden. Es entstand zu dem Text vom Dichter und Komponisten Christian Wilhelm Daniel Schubart (1739-1791) auf einer Sommerfahrt des Komponisten nach Oberösterreich zu seinem Freund Albert Stadler und zeugt von dem glücklichen Lebensgefühl, das Schubert auf dieser Reise hatte. Das Singen des Liedes kann gut mit dem gemeinsamen

Anhören der Instrumentalfassung kombiniert werden, denn auch das Hören einer der heitersten und unbeschwertesten Kompositionen Schuberts ist ein besonderes Erlebnis, das anregt und aktiviert. Die übersichtliche Länge, die begrenzte Instrumentenwahl und die immer wieder neuen Variationen nur der einen Melodie erleichtern das Hören und machen die Musik transparent.

Das Singen sollte nur dezent begleitet werden.
Tipp: Zu dem Forellenquintett kann gut mit Wasserfarben gemalt werden (Wasser, Fische etc.).
Beschwingter 4/4-Takt

Die Gedanken sind frei [Seite 182]

Ein altes Studentenlied, das ursprünglich gegen die Pressezensur vor 1800 geschrieben wurde, möglicherweise angeregt durch die französische Revolution (1789-1799). Aber schon im Mittelalter um 1230 hieß es bei dem mittelhochdeutschen Dichter Freidank: „Diu bant mac nieman vinden, diu mine gedanken binden". Es wurde durch Flugblätter aus Süddeutschland in ganz Deutschland bekannt. In Wunderhorn Band III hatte es den Titel: „Lied eines Verfolgten im Turme". In der Zeit der Restauration (1815-1830) wurde es sogar einmal von der staatlichen Zensur u.a. in Österreich verboten. Die heutige Fassung haben uns Hoffmann von Fallersleben und Ernst Richter in der Liedersammlung „Schlesische Volkslieder mit Melodien" (Leipzig 1842) überliefert. Es ist in ganz Deutschland bekannt geworden und wurde nach dem Zweiten Weltkrieg in den 50er-Jahren sogar einmal als neue Nationalhymne vorgeschlagen, als man die demokratischen Traditionen der 1848er-Revolution wieder aufgriff. Auch heute ist sein Inhalt hochaktuell und lohnt thematisiert zu werden.

Kann vielfältig rhythmisch begleitet werden (nicht zu walzerhaft).
Lebhafter 3/4-Takt

Die güldne Sonne [Seite 12]

Ein kaum bekanntes Morgenlied, das durch seine schöne Melodie aber sehr gut zu singen ist. Der Komponist Johann Rudolf Ahle (1625-1673), der neben Liedern auch zahlreiche geistliche Konzerte schrieb, war Organist in Mühlhausen/Thüringen und bearbeitete hier einen Text des Dichters Philipp von Zesen, der in Hamburg die Sprachgesellschaft „Deutschgesinnte Genossenschaft" gründete und sich neben dem Schreiben von Gedichten und Romanen auch um die Reform der Orthographie kümmerte. Die aufstrebende und erfrischende Melodie dieses Liedes wirkt optimistisch, regt an und bringt den Sängern und Musizierenden Freude.

Instrumentalbegleitung möglich.
Schwingender 3/4-Takt

Die güldne Sonne voll Freud und Wonne [Seite 11]

Ein Morgenlied aus dem Bereich der christlichen Lieder. Die Melodie hat der Kantor und Komponist Joh. Georg Ebeling (1637-1676) zu Paul Gerhardts Text geschrieben. Die ersten drei Strophen lassen sich besonders gut am Morgen singen. Die Originalfassung mit insgesamt 12 Strophen kann man im Kirchengesangbuch finden. Sie kann in bestimmten Lebenssituationen, z.B. Krankheit oder Traurigkeit, Trost und Hoffnung geben.

Primär zum reinen Singen geeignet.
Ruhiger 3/4-Takt

Die Vogelhochzeit [Seite 100]

Ein beliebtes Lied, das von der Hochzeit eines Vogelpaares erzählt und in dem viele einheimische Vögel als Gäste der Hochzeitsgesellschaft vorkommen. Es gibt viele Fassungen u.a. auch in Plattdeutsch, die man z.B. mit 32 Strophen in „Philippi Hainhoferi Lautenbuecher" aus dem Jahre 1604 Bd. 2 finden kann. Der Dichter Ludwig Uhland (1787-1862), der selbst Lieder dichtete („Ich hatt' einen Kameraden ...") nahm es in seine Sammlung von hoch- und niederdeutschen Volksliedern auf.
Gute Gelegenheit, über heimische Vögel zu reden und dabei auch Bilder zu zeigen (Ratespiel). Das Fliegen ist uralter Traum der Menschheit und das Beobachten der Vögel auch deshalb so beliebt. Lieder, in denen die Vögel vorkommen, werden gerne gesungen. Das Singen der Vögel kann auch Motivation sein, mit Instrumenten Klänge zu erzeugen.

Instrumentalbegleitung mit Orff'schen Instrumenten empfehlenswert.
Spielvorschlag: Je (Vogel-)Strophe kann jeweils ein Instrument einen Vogel darstellen,
wobei dann im Laufe des Liedes immer mehr „Vögel" dazukommen.
Lebhafter 4/4-Takt

Drei Lilien [Seite 60]

Heimatlied, das 1833 als Absprengsel von dem Jagdlied „Es blies ein Jäger" (1830) entstanden ist und die Melodie von „Im schönsten Wiesengrunde" hat. Der Reiter, der die Lilien abbricht, erinnert an Goethes Knaben im Lied „Sah ein Knab ein Röslein stehn". Hier bepflanzt ein Mann sein eigenes Grab und denkt, als ein Reiter die Blumen abbricht, fast schon sehnsuchtsvoll an seinen eigenen Tod. Was mag wohl der Grund für seine Gedanken sein?
Kinder sangen früher scherzhaft: „Drei Lilien, drei Lalien ...". Das stimmungsvolle Lied kann Gedanken über Tod und Trauer wecken. Man sollte sich deshalb genug Zeit nehmen, um nach dem Singen darüber zu sprechen.

Begleitung mit leisen Klängen möglich (Metallinstrumente: Triangel, Becken, Glockenspiel etc.).
Sehr ruhiger 4/4-Takt

Drei Zigeuner [Seite 183]

Ein schönes Lied über das freie Leben der Zigeuner mit einem Text vom Schriftsteller Nikolaus Lenau (geb. am 13.8.1802 in Csatád) in Oberdöbling bei Wien), der in Wien Jura, Philosophie, Landwirtschaft und Medizin studierte und dessen Sehnsucht nach dem freien unbeschwerten Leben der Zigeuner verständlich wird, wenn man seinen Lebenslauf betrachtet.

210

Nach dem Studium lebte er von einer bescheidenen Erbschaft und war von 1823-1827 mit der jungen Berta Hauer zusammen, bis die Beziehung an ihrer Untreue zerbrach. 1830 zog er nach Heidelberg, dichtete und veröffentlichte seine Werke beim Cotta Verlag. Bekannt ist heute vor allem sein lyrisches Werk: Die „Schilflieder" und die „Waldlieder". Ruhelos wanderte er 1832 als Kolonist nach Amerika (Ohio) aus, kehrte jedoch schon ein Jahr später enttäuscht wieder zurück. Seine pessimistische Geisteshaltung verstärkte sich durch eine weitere unglückliche Liebe zu der verheirateten Sophie von Löwenthal. 1844 brach Lenau zusammen und wurde, völlig dem Wahn verfallen, in eine Heilanstalt gebracht. Er starb am 22. August 1850 in Oberdöbling, Wien.

Schwungvolle Begleitung mit Orff'schen Instrumenten empfehlenswert.
Lebhafter 6/6-Takt

Drunten im Unterland [Seite 169]

Sehr volkstümliches Lied, das Armut dem Reichtum entgegenstellt und somit augenzwinkernd auch sozialkritischen Inhalt hat. Ein schwungvolles Stimmungslied für lustige Gelegenheiten vom Orgelbauer Gottlieb Daniel Ludwig Weigle.

Lebhafte rhythmische Begleitung mit allerlei Schlagwerk oder Körperinstrumenten
(Patschen ...).
Flotter 3/4-Takt

Ein Heller und ein Batzen [Seite 61]

Ein Heller, erstmals erwähnt 1200, war ursprünglich der Pfennig der königlichen Münzstätte Schwäbisch Hall. Im 18 Jh. wurde er zur Kupfermünze und somit zur kleinsten möglichen Bargeldsumme. Auch in Österreich, der Schweiz, Ungarn und der Tschechoslowakei war der Heller in Gebrauch. Der Batzen (auch „Klumpen" genannt) ist eine alte Scheidemünze und war in Süddeutschland 4 Kreuzer und in der Schweiz 10 Rappen wert. Heute noch in der Redewendung „ein Batzen Geld" in Verwendung. Das weit bekannte Volkslied, das früher eine andere Melodie und den Titel „Der Hauptkerl" hatte, wird gerne gesungen und erlangte in den 30er- und frühen 40er-Jahren mit einer neuen Melodie seine weite Verbreitung. Nicht zuletzt wegen seines ruppigen Textes wurde es auch von den marschierenden Soldaten gesungen.

Begleitung mit Rhythmusinstrumenten empfehlenswert.
Tipp: Die Tonleiter abwärts bei „Ha, ha, ha" kann man gut auf Stabspielen mitspielen!
Lebhafter 4/4-Takt

Ein Jäger aus Kurpfalz [Seite 141]

Ein lustiges Liebeslied aus dem Jahre 1763, das viele nur als Jägerlied kennen, da die 3. Strophe in vielen Liederbüchern nicht enthalten ist. Der Hauslehrer und Pater Martinianus Klein erzählt darin von seinem Freund, dem Erbförster Friedrich Wilhelm Utsch aus Entenpfuhl am Hunsrück, dessen Kinder er unterrichtete und der neben der Jägerei auch so manche erotischen Eskapaden mit Mägden, Mädchen und Damen im Wald erlebte und in fröhlicher Runde seinen Freunden berichtet hatte. Utsch starb im März 1795 an einer schweren Halsentzündung, nachdem er auf der Jagd nach Wilderern zwei Nächte im Freien verbracht hatte. 118 Jahre später errichtete Kaiser Wilhelm zu seinen Ehren am 13.8.1913 ein Denkmal in Soonwald. Die Melodie wurde 1807 in Schwaben aufgezeichnet und 1839 von Erk-Irmer veröffentlicht. Komponist Mendelssohn schrieb dazu am 15.08.1843 an seine Schwester Fanny Hensel: „... Das ist das pfälzische Nationallied ..., es wird Tag und Nacht gesungen, von den Postillionen geblasen, von der Regimentsmusik als Ständchen gespielt, als Marsch gebraucht ...".

Instrumentalbegleitung empfehlenswert.
Lebhafter 2/4-Takt

Ein Jäger längs dem Weiher ging [Seite 125]

Die von dem Dichter und Musiker Anton Wilhelm Florentin von Zuccalmaglio (geb. im Siegerland) bearbeitete Ballade aus dem Rheinland ist hier in der Originalfassung abgedruckt. Interessant ist, dass sich später eine andere Fassung durchsetzte, die einen Hasen als Ungeheuer darstellte, vor dem der Jäger voller Furcht in sein Jägerhaus flüchtete. Ein Lied, das also als Spottlied aber auch, wie vorliegend, als romantische Ballade existiert. Man kann das Lied mit Vorsänger (Strophen) und Chor („Lauf, Jäger, lauf!") vortragen, was auch Teilnehmern, die den Text nicht können, eine Teilnahme am musikalischen Geschehen ermöglicht.

Instrumentalbegleitung empfehlenswert.
Tipp: Mit Rhythmus- oder Körperinstrumenten den Refrain „Lauf, Jäger, lauf!" mitzuspielen.
Lebhafter 2/4-Takt

Ein Männlein steht im Walde [Seite 98]

Ein heute noch sehr beliebtes Rätsellied, das Hoffmann von Fallersleben, der später das Deutschlandlied schrieb, während seiner Breslauer Professorenzeit zu einer Melodie aus dem Jahre 1800 dichtete. Der genaue Naturbeobachter von Fallersleben beschreibt mit knappen aber charakteristischen Worten den Fliegenpilz und die Hagebutte (siehe auch: „Auf unsrer Wiese gehet was").

Instrumentalbegleitung empfehlenswert.
Lebhafter 2/4-Takt

Ein Schneider fing 'ne Maus [Seite 126]

Ein Scherzlied aus dem letzten Jahrhundert, das einen armen Schneider aufs Korn nimmt. Einen Beruf, der früher eine große Bedeutung hatte und in vielen Märchen („das tapfere Schneiderlein") und Liedern eine Rolle spielt. Das Liedschema mit Frage und Antwort (s.a. „ein Loch ist im Eimer") macht viel Spaß und ist leicht erlernbar.

Instrumentalbegleitung empfehlenswert.
Tipp: Frage und Antwort können auf verschiedene Gruppen aufgeteilt werden.
Lebhafter 2/4-Takt

Es dunkelt schon in der Heide [Seite 142]

Romantisches Liebes- und Abendlied mit einer schönen, schwingenden Melodie. Beschrieben werden die Gedanken eines Schnitters bei der Ernte, der an seine Liebe denkt, über die Trennung traurig ist und mit Metaphern diese Gefühle verbildlicht. Es geht auf ein Lied aus dem 16. Jh. mit dem Titel: „Ich hört ein Sichelin rauschen" (2. Strophe) zurück. Die erste Strophe wurde im 19. Jh. hinzugefügt. Das inhaltliche Motiv wurde aber bereits 1478 in der „Rostocker Liederhandschrift" angesprochen und geht auf ein ostpreußisches Spinnstubenlied zurück. Wurde durch den Zupfgeigenhansel in ganz Deutschland bekannt.

Begleitung mit Rhythmusinstrumenten empfehlenswert.
Ruhiger 6/8-Takt

Es, es, es und es [Seite 63]

Lustiges Lied über einen Wandergesellen, der sich kritisch mit seinem letzten Arbeitsplatz auseinandersetzt, bevor er weiterzieht. Die „Walz" der Handwerksburschen dauerte in der Regel mindestens drei Jahre, aus denen aber oft auch vier oder noch mehr wurden. Meist wanderten sie gemeinsam mit anderen, um sich besser vor Dieben schützen zu können, die es auf deren gespartes Geld abgesehen hatten. Während der Wanderzeit dichteten viele von ihnen und manchmal wurden daraus auch Lieder, die dann weit verbreitet und zum Allgemeingut wurden.

Rhythmusinstrumente können den Marschrhythmus unterstützen.
Lebendiger 4/4-Takt

Es klappert die Mühle am rauschenden Bach [Seite 62]

Der Lehrer Ernst Anschütz schrieb um 1824 das Gedicht zu einer eigenen Melodie. Später wurde es zu der Melodie des Volksliedes „Es ritten drei Reiter zum Tore hinaus" gesungen, das 1770 ein deutscher Bettler in den Straßen Roms gesungen haben soll und sich dann 1774 in einem römischen Druckwerk fand. Ein bekanntes Wander- und Müllerlied (s.a. „Das Wandern ist des Müllers Lust"). Im Wechsel zum reinen Singen kann das „Klipp-klapp" gut auf Instrumenten gespielt werden.

Begleitung mit Rhythmus- und Melodieinstrumenten.
Lebhafter 6/8-Takt

Es steht eine Mühle im Schwarzwälder Tal [Seite 64]

Ein Volkslied, in dem wieder einmal eine Mühle eine große Rolle spielt. Wie schon in Joseph von Eichendorff's Lied: „In einem kühlen Grunde" ist sie ein Ort der Sehnsucht und verborgener Wünsche, die den Dichter Paul Schultz zu diesem Text inspiriert hat. Ein beliebtes Lied, das besonders durch den Taktwechsel interessant wird. Dem beschwingten, mehr emotionalen 6/8-Takt folgt der statische 2/4-Takt. Ein Lied, das auch heute noch gern von Volksmusikern vorgetragen wird.

Eher nur zum Singen geeignet.
Ruhiger 6/8-; 4/4-Takt

Es tönen die Lieder [Seite 33]

Lebendiger Kanon, der dazu einlädt, es dem Hirten gleichzutun und gemeinsam zu musizieren. Besonders gut als Einstieg für die Arbeit mit Orff'schen Instrumenten geeignet.

Begleitung mit Rhythmus- und Melodieinstrumenten.
Lebhafter 3/4-Takt

Es war ein König in Thule [Seite 189]

Dieses 1774 entstandene etwas düstere Lied ist aus Goethes „Faust I" und später von Zelter mit einer Melodie versehen worden. Es hat einen düster romantischen Charakter und wurde früher oft gesungen und von vielen Komponisten vertont. Am bekanntesten wurde die Vertonung des Goethe Freundes Karl Friedrich Zelter aus dem Jahre 1812 in Berlin. In Zelters Satz erschien die Melodie als Bass. Es kann gut in Verbindung mit dem Vorlesen oder Erzählen von Sagen oder Balladen gesungen werden.

Begleitung mit Orff'schen Instrumenten.
Vorschlag: Ostinato auf Stabspielen, dazu Rhythmus auf dunkel klingenden Trommeln.
Ruhiger 6/4-Takt

Es war eine Mutter [Seite 32]

Kleines Jahreszeitenlied, das als Einstieg in jahreszeitliche Themen gesungen werden kann.

Begleitung mit Rhythmusinstrumenten empfehlenswert.
Schneller 3/4-Takt

Es waren zwei Königskinder [Seite 184]

Gibt es in zahlreichen Text- und Melodievarianten seit dem 12. Jh. und geht auf die Sage von Hero und Leander zurück. Hero und Leandros (griech. „Frau" und „Mann", dt. Hero und Leander) waren ein berühmtes Liebespaar der griechischen Mythologie. Leander aus Abydos war in Hero verliebt, eine junge und schöne Priesterin der Aphrodite in Sestos. Sie beide trennte die Meerenge des Hellespontos. Leanders Eltern waren gegen eine Heirat und so schwamm er jede Nacht heimlich zu seiner Geliebten Hero. Die wies ihm von einem Turm aus mit einer kleinen Lampe den Weg. Unglücklicherweise löschte einmal ein Sturm das Licht aus und Leander ertrank orientierungslos in den Fluten. Als Hero die angeschwemmte Leiche ihres Geliebten am Strand entdeckte, stürzte sie sich aus Verzweiflung vom Turm ins Meer. Die älteste überlieferte Fassung des Mythos findet sich in der Georgica von Vergil aber auch Hölty oder Schiller haben u.a. die Geschichte erzählt.
In Norddeutschland gibt es eine plattdeutsche Fassung. Die hier vorliegende Melodie veröffentlichten die Volksliedsammler Büsching und von der Hagen 1807 in Berlin in der „Sammlung deutscher Volkslieder". Inhalt und die Strophenanzahl sind je Region unterschiedlich. Die böse Person, welche im Lied die Kerzen auslöscht und so den Königssohn in den Untergang treibt, wird manchmal als Knecht, als Rune (Hexe, Zauberin) oder wie hier als falsche Nonne dargestellt. Ein großartige Ballade, die für besinnliche Stunden geeignet ist.

Dezente Begleitung mit Instrumenten möglich.
Mäßig langsamer 4/4-Takt

Freiheit, die ich meine [Seite 65]

Ein sehr patriotisches Lied, das der Lyriker Max von Schenkendorf (1783-1817), der am Freiheitskampf gegen Napoleon teilnahm und sich für eine Erneuerung des deutschen Kaisertums einsetzte, 1813 schrieb. Die Melodie wurde auch für das Pommernlied „Wenn in stiller Stunde" verwendet und wurde vom westfälischen Theologen Carl August Groos komponiert. Es hatte im Original 8 Strophen, in denen auch der Heldentod für das Vaterland verherrlicht wird. Die getragene Melodie erinnert noch heute viele an die Zeiten, in denen Nationalgefühl schon den Kindern in der Schule gelehrt wurde und Nationalstolz selbstverständlich war. Ein Lied mit historischem Hintergrund, das z.B. als Grundlage einer Geschichtswerkstatt über die Kaiserzeit benutzt werden kann.

Ein Lied zum Singen, Begleitung nicht empfehlenswert.
Feierlicher 4/4-Takt

Freude, schöner Götterfunken [Seite 124]

Zu Schillers Text gibt es auch eine heute weniger bekannte Volksweise aus dem Jahr 1799. Beethoven komponierte 1823 in Wien, während seiner vierten und letzten Schaffensperiode, seit 1819 war er völlig taub, die berühmte 9. Sinfonie, in deren Schlusschor die hier abgedruckte Melodie von der „Ode an die Freude" enthalten ist.

Ein Lied zum Singen, Begleitung mit Rhythmusinstrumenten aber möglich (Empfehlung: Die 9. Symphonie gemeinsam anhören).
Feierlicher 4/4-Takt

Freut euch des Lebens [Seite 122]

Der Text ist vom Schweizer Maler, Dichter und Kaufmann Johann Martin Usteri (1763-1827), die Komposition vom schweizerischen Musikpädagogen Hans Georg Nägeli (1773-1836). Ein bekanntes Lied, das Werte wie Geduld, Bescheidenheit, Genügsamkeit, Redlichkeit und Treue vermittelt und so einen erzieherischen Anspruch vertritt, der im 19. und zu Anfang des 20. Jahrhunderts aktuell war. Es ist sicher interessant, über dieses Lied ins Gespräch zu kommen, um über damalige und moderne Werte zu diskutieren. Bekannt ist auch folgender Scherztext, den früher Kinder als Gassenhauer gesungen haben: „ Freut euch des Lebens, / Großmutter wird mit der Sense rasiert, / alles vergebens, / sie war nicht eingeschmiert."

Begleitung mit Orff'schen Instrumenten empfehlenswert.
Gemütlicher 6/8-Takt

Froh zu sein, bedarf es wenig [Seite 120]

Ein Kanon, der sich besonders gut als Beginn einer Musizierstunde eignet, denn er ist leicht zu singen und wirkt sehr motivierend.

Rhythmusbegleitung möglich, der Schwerpunkt sollte aber auf dem Singen liegen.
Lebhafter 4/4-Takt

Frühling, komm doch schnell [Seite 38]

Die Strophen dieses Liedes sind während meiner Musiktherapiestunden im EILENRIEDESTIFT gedichtet worden. Es ist ein neues Frühlingslied, mit dem die kommende hellere Jahreszeit begrüßt werden soll — der Winter hat ausgedient und soll sich nun endlich bis zum kommenden Jahr verdrücken.

Rhythmusinstrumente und Schlagwerk in Quintbegleitung (Bordun).
Fröhlicher 4/4-Takt

Fuchs, du hast die Gans gestohlen [Seite 101]

Dr. Ernst Gebhard Salomon Anschütz wurde 1780 in Goldlauter am Südwesthang des Thüringer Waldes als Pfarrersohn geboren. Er war ein bekannter Lehrer und Organist, der später in Leipzig wirkte. In seinen Liedern bekundet er seine enge Verbundenheit mit der Natur und den einfachen Menschen. Er komponierte bekannte Werke wie „O Tannenbaum", „Alle Jahre wieder" und „Es klappert die Mühle am rauschenden Bach". Das bekannte Kinderlied vom Fuchs wurde von Ernst Anschütz 1824 geschrieben. Er gestaltete dafür ein altes Volkslied um. Im Original hieß es : „1. Wer eine Gans gestohlen hat, der ist ein Dieb. Und wer sie mir dann wiederbringt, den hab' ich lieb. Da steht der Gänsedieb, den hat kein Mensch mehr lieb." 2. Wir wünschen Glück/ zu Deinem neuen Orden,/ daß du bist ein Gänsedieb geworden. Viel Glück, Meister Gänsedieb. "

Ein flottes Kinderlied, Orff'sche Instrumente können es gut begleiten.
Schneller 4/4-Takt

Geh aus, mein Herz und suche Freud [Seite 43]

Dieses Sommerlied ist für die Musiktherapie gut geeignet. Die schöne Melodieführung und der die Natur preisende Text können heilend und beruhigend wirken. Es bietet sich an, in Ruhe über die einzelnen Strophen zu sprechen (im Original waren es einmal 15 Strophen).

Leise Instrumentenklänge können den einprägsamen Liedrhythmus unterstützen.
Besinnlicher 4/4-Takt

Glück auf, der Steiger kommt [Seite 163]

Dieses bekannteste Bergmannslied gibt es bereits seit 1730 in gedruckter Form (Berglieder Büchlein aus Freiberg in Sachsen). Die neueren Fassungen stammen vor allem aus dem Odenwald, aus Franken, Westfalen oder dem Bergischen oder Glatzer Land. Die hier vorliegende westfälische Fassung wurde auch im Zupfgeigenhansel veröffentlicht. Ein in Deutschland und den Alpenländern bekanntes Lied, das nicht zuletzt wegen seiner schönen Melodieführung bekannt ist. Es sind auch viele unterschiedliche Textvarianten bekannt, die sich regional unterscheiden. Ein Lied, das zu besonderen Anlässen der Bergleute noch heute gesungen wird.

Trommeln und Becken können den Marschrhythmus darstellen.
Schreitender 4/4-Takt

216

Glück zu im neuen Jahr [Seite 54]

Ein Neujahrslied, das anregt, sich vom alten Jahr zu verabschieden und das neue zu begrüßen. Es hilft Menschen, wichtige Ereignisse des vergangenen Jahres noch einmal anzusprechen und Hoffnungen und Wünsche an das neue Jahr auszudrücken.

Instrumentenbegleitung empfehlenswert.
Ruhiger 4/4-Takt

Gold und Silber lieb ich sehr [Seite 143]

Ein sehr beliebtes Lied, das heute kaum noch bekannt ist, früher aber häufig gesungen wurde und dessen 1. Strophe viele Menschen noch auswendig können. Da hier das Altern mit dem Bild — vom blonden Zopf zum silbernen Haar — angesprochen wird, kann man das Lied als Anlass nehmen über das Altern nachzudenken. Beispiel: Viele heute ältere Frauen haben früher selbst Zöpfe getragen und fühlen sich daran und an verschiedene Erlebnisse in der Jugend durch dieses Lied erinnert.

Instrumentenbegleitung empfehlenswert.
Munterer 3/4-Takt

Großmutter will tanzen [Seite 170]

Tanzlied, das auf der goldenen Hochzeit zum Ehrentanz von den Großeltern gesungen und gespielt wurde. Der Tempo- und Tonartwechsel ist dabei besonders interessant. Der Anfang wird schneller gesungen, der Refrain dann etwas langsamer. Ein Lied, das besonders alte Menschen anspricht, da es für sie selbst geschrieben worden ist.

Der schöne zweistimmige Satz stammt aus dem Liederbuch „Frau Musica".
Begleitung mit Orff'schen Instrumenten empfehlenswert.
Erst lebhafter, dann ruhiger 3/4-Takt

Grün, grün, grün sind alle meine Kleider [Seite 106]

In der aktiven Musiktherapie kann durch eine farbige Markierung (Tücher, Bänder ... etc.) jeweils ein Instrument einer Strophe zugeordnet werden, z. B. nach Lieblingsfarben der Teilnehmer sortiert. Kinder lieben dieses Lied seit Generationen.

Kann gut mit Instrumenten begleitet werden.
Solo-Tutti-Form: 1 TN (solo) singt und spielt den ersten Teil der Melodie, die Gruppe (tutti) singt und begleitet den zweiten Teil.
Lebhafter 2/4-Takt

Grüß Gott, du schöner Maien [Seite 39]

Zu der mittelalterlichen Melodie dieses schönen Maienliedes entstand erst am Anfang des 19. Jahrhunderts der heute bekannte Text. Er drückt mit poetischen Worten die Freude über die erwachende Natur aus und kann dazu anregen, selbst ein Bild zum Thema Mai zu malen.

Begleitung mit Orff'schen Instrumenten empfehlenswert.
Lebhafter 4/4-Takt

Guten Abend, guten Abend [Seite 21]

Ein Lied, das sich wunderbar als regelmäßiges Begrüßungslied anbietet. Es erzählt von einer Kapelle, die zum Tanze aufspielt und motiviert durch die „Wir"- Form die Gruppe selbst mitzumachen. Der Wechsel zwischen 3/4- und 4/4-Takt und die damit verbundenen unterschiedlichen Tempi (langsam schreitend, schwingend bewegt) macht das Lied zusätzlich interessant. Es wurde zum ersten Mal in der Sammlung „Danske Folke-Sanger" im Jahre 1860 in Kopenhagen gedruckt. Ihm entnahm es der Musikschriftsteller und Orgelvirtuosen Heinrich Reimann, übersetzte es ins Deutsche.
Auch der letzte Teil, ein jütländischer Walzer, ist von dem hinzugefügt worden, denn es missfiel ihm, das der Text: „den Walzer spiel uns auf" im 4/4-Takt gesungen wird und anschließend kein 3/4-Takt kam.

Der Rhythmus lässt sich vielfältig begleiten. Es bieten sich z.B. dünne Bambusstöckchen an, die man aufeinander schlagen oder wie eine Geige an die Schulter halten kann, je nach Textinhalt.
Begleitung mit Körper- und Orff'schen Instrumenten oder Bambusstäben empfehlenswert.
4/4- und 3/4-Takt

Guten Abend, gute Nacht [Seite 20]

Ein beliebtes Abendlied, dessen 1. Strophe 1808 im Liederbuch „Des Knaben Wunderhorn" erschien. 1849 fügte Georg Scherer die zweite Strophe hinzu und 1868 schließlich schrieb Johannes Brahms die heute bekannte Melodie für die Wienerin Bertha Faber, die er unter dem Namen Bertha Porubszky in seinem Hamburger Frauenchor kennen — und lieben gelernt hatte. Eine der Wiener Melodien, die sie ihm damals vorgesungen hatte, baute Brahms in seine Klavierbegleitung ein. Es eignet sich gut als Abschlusslied eines Tages.

Dezente Begleitung mit Orff'schen Instrumenten empfehlenswert.
3/4-Takt

Guter Mond, du gehst so stille [Seite 22]

Ein Liebes- und Abendlied, das mit seiner ausführlichen und langen Liebeserklärung auffällt. Da die Strophen kaum alle bekannt sind, kann sich ein ruhiges Vorlesen des Liedes lohnen. Die hier beschriebene romantische Verherrlichung eines Mädchens im Angesicht des Mondes wird ganz unterschiedlich aufgenommen und weckt sicher einige Emotionen.

Ein leises Lied zum Singen. Geeignet für dezente Instrumentalbegleitung.
Besinnlicher 4/4-Takt

218

Hab mein Wagen voll geladen [Seite 66]

Dieses Lied, das eigentlich alte Menschen ablehnt und diskriminiert. Es wird aber trotzdem von allen Generationen gerne gesungen und gespielt. Es hat einfach Humor, macht Spaß und muntert auf. Der schwungvolle Rhythmus, der Taktwechsel und die schöne Melodie motivieren zum Mitsingen und lassen dieses Lied zu einem anregenden Erlebnis werden.

Für rhythmische Begleitung mit Schlagwerk und Orff'schen Instrumenten gut geeignet.
Lebhafter 3/4- und 4/4-Takt

Hab oft im Kreis der Lieben [Seite 144]

Dieses schöne Volkslied von der heilenden Wirkung des Singens hat seine Melodie vom großen Friedrich Silcher. Den Text schrieb der Dichter und Naturforscher Adalbert von Chamisso, von dem auch das schöne Zitat stammt: „Es singe, wem ein Gott Gesang gegeben!" Er wurde am 30. Januar 1781 auf Schloss Boncourt in der Champagne geboren und schlug sich zunächst (Flucht der Familie nach Berlin, 1790) als Verkäufer und Blumenmaler durch, ehe er eine Stelle als Page bei Königin Luise antrat und 1801 Offizier wurde. Danach studierte er von 1812-1815 Botanik und Medizin und schrieb während dieser Zeit sein berühmtes Märchen: „Peter Schlemihls wundersame Geschichte". Nach einer großen Weltreise (1815-1818), deren Ergebnisse er 1821 in seinen „Bemerkungen und Ansichten einer Entdeckungsreise" niederlegte, wurde er Direktor des Berliner botanischen Gartens. 1829 verfasste er dieses Lied, weitere Gedichtzyklen und gab mit Gustav Schwab von 1832 bis zu seinem Tod am 21. August 1838 den „Deutschen Musenalmanach" heraus.

Ein Lied zum Singen, kann aber auch mit Rhythmusinstrumenten vorsichtig begleitet werden.
Ruhiger 4/4-Takt

Hamborger Veermaster [Seite 85]

Um die Mitte des 19. Jahrhunderts sangen es Auswanderer, die mit dem Schiff nach Kalifornien unterwegs waren. Einer der bekanntesten Shanties, der rabiat die Seereise von Goldsuchern beschreibt. Es wurde von Seeleuten dann wieder aus den USA zurückgebracht und ins Plattdeutsche übersetzt. Die Strophen können dabei nach historischem Vorbild von einem/er Vorsänger/in gesungen werden, während alle mit dem Refrain „Blow, boys, blow" antworten. Ein Lied, das auf den Segelschiffen zur Arbeit auf Deck gesungen wurde, um es den Matrosen zu erleichtern, sich im gleichen Rhythmus zu bewegen.

Begleitung mit Orff'schen Instrumenten empfehlenswert.
Lebendiger 4/4-Takt

Hannemann [Seite 171]

Schwungvolles Lied in plattdeutsch, das durch seinen sehr leichten Text ermöglicht, einmal ein Lied in einem norddeutschen Dialekt zu singen. Bietet sich auch als Begleitlied für (Sitz-)Tanz an.

Kann mit Schlagwerk und Trommeln gut begleitet werden.
Lebhafter 2/4-Takt (Polka)

Hänschen klein [Seite 102]

Eines der bekanntesten Kinderlieder, von dem heute meist nur noch die erste Strophe bekannt ist. Aufgrund seiner einfachen Melodie, die ursprünglich zu dem Lied „Alles neu macht der Mai" von H. A. von Kamp gehörte und die sich nur in einem begrenzten Tonraum bewegt, ist es leicht auf dem Klavier oder einem Stabspiel nachspielbar. Die hier angegebene vollständige Textfassung berichtet viel intensiver von der Trennung und der Wiederkehr von Hans als die verkürzte einstrophige Fassung. Eine Geschichte, die von der Trennung zu geliebten Familienangehörigen und den Schwierigkeiten bei der Rückkehr berichtet aber auch die Loslösung vom Elternhaus zum Thema hat.

Für Orff'sche Instrumente gut geeignet.
Munterer 4/4-Takt

Hänsel und Gretel [Seite 104]

Das bekannte Märchen veröffentlichten die Gebrüder Grimm 1857. Viele Psychologen haben sich inzwischen mit diesem Märchen beschäftigt und sehen z.B. die Mutterrolle eher in der „Hexe" als in der echten Mutter, die zu Beginn der Geschichte ja ihre Kinder loswerden will und im Wald allein lässt. Die Hexe jedoch möchte sich Hänsel am liebsten einverleiben. Das Märchen schildert somit recht drastisch, dass viele Mütter Ihre Söhne am liebsten in ein Ställchen sperren und für sich behalten und aus lauter Liebe „aufessen" würden. „Jemanden zum Fressen gern haben" ist ja auch heute noch ein gerne verwendeter Ausdruck in unserem Sprachgebrauch.

Kann gut mit Orff'schen Instrumenten begleitet werden, Kinder spielen es auch gerne.
Einfacher 4/4-Takt

Heißa Kathreinerle [Seite 172]

Ein schwungvolles Tanzlied, das zum Mitschwingen einlädt. Die einfachen Harmonien laden zum Improvisieren auf Stabspielen ein. Anregen kann man dabei ein Gespräch über frühere Erlebnisse bei Tanzvergnügen (Tanzschule, Volkstanz, Feste, Volksfeste usw.).

Für rhythmische Begleitung mit Schlagwerk und Orff'schen Instrumenten gut geeignet.
Lebhafter 3/4-Takt

Hejo, spann den Wagen an [Seite 47]

Ein bekannter Kanon, der ursprünglich aus England stammt.

Für rhythmische Begleitung mit Schlagwerk und Orff'schen Instrumenten gut geeignet. Tipp: Den Rhythmus des Textes einmal mit Instrumenten imitieren.
Ruhiger 4/4-Takt

Heut geht es an Bord [Seite 87]

Ein stimmungsvolles Seemannslied, das seit seiner Entstehung bei vielen Gelegenheiten gesungen wurde. Obwohl die begeisterte Bewunderung für den „mutigen Seemann" heute nicht mehr ganz zeitgemäß wirkt und sicher auch an die Zeit von Nationalismus und Patriotismus erinnert, werden es auch heute noch viele gerne singen. Zu dem deutschen Text von Kapitän Paul Vollrath (verstorben 1914) erklingt dabei eine eingängige ungarische Soldatenmelodie.

Lebendige Begleitung mit Orff'schen Instrumenten empfehlenswert.
Marschmäßiger 4/4-Takt

Heut kommt der Hans zu mir / Himmel und Erde, die müssen vergehen [Seite 127]

Diese Kanons haben fast eine identische Melodie. „Himmel und Erde" eignet sich gut als Begrüßungslied für musikalische Aktivitäten, während „Heut kommt der Hans zu mir" zu den Scherzliedern gehört, die zwischendurch als lustige Einlage gesungen werden können.

Schwungvoll, auch geeignet für Instrumentalbegleitung.
Schwingender 3/4-Takt

Hoch auf dem gelben Wagen [Seite 67]

Ein heute sehr beliebtes Reiselied von dem Thüringer Schriftsteller Rudolf Baumbach (1840-1905), der neben Wander- und Studentenliedern auch Verserzählungen schrieb. Erst nach seinem Tod entstand die heute so berühmte Melodie. 1922 legte die damalige Braut vom Musiker Heinz Höhne ihrem Verlobten einen Band der Gedichte von Rudolf Baumbach als Überraschung unter das Kopfkissen, der von dem darin enthaltenen Gedicht „Hoch auf dem gelben Wagen" so begeistert war, dass er es vertonte.
Es gilt als Lied der Wandervogel-Bewegung und berichtet von den Zeiten, als man in Postkutschen reiste und zwischendurch in Poststationen einkehrte, während die Pferde gewechselt wurden. Durch die Plattenaufnahme des damaligen Bundespräsidenten Walter Scheel wurde es bundesweit bekannt.
Ein sehr variables Thema, das mit Spielen verbunden werden kann (z.B: Stille Post), aber auch zu Gesprächen über geschriebene oder erhaltene Briefe und Päckchen anregen kann. Besonders in Zeiten der Trennung (z.B. während der Weltkriege) war die Post oft das einzige Mittel, Kontakt zu halten.

Eignet sich gut für Instrumentalbegleitung mit Orff'schen Instrumenten:
1. Strophe: Schlagwerk einsetzen, das Klappern der Hufe darstellen (z.B. Kokosnuss-schalen aneinander schlagen).
2. Strophe: Melodieinstrumente einsetzen: Flöte = Glockenspiel, Geige = Xylophon,
Bassgebrumm = Bassklangstäbe (Halbton B nötig!)
3. Strophe: Tutti (Alle) spielen schwungvoll mit.
Lebhafter 4/4-Takt

Horch, was kommt von draußen rein? [Seite 145]

Ein altes Studentenlied, dessen eigentlich sehr trauriger Text im Widerspruch zu der lustigen Melodie mit dem bekannten Kehrreim steht. Es stammt aus der badischen Pfalz (1870) und gelangte durch das Kommersbuch und den Zupfgeigenhansel in beinahe alle deutschen Schulliederbücher. Es wurde früher als Scherz- und Spottlied gerne bei diversen Studentenfeiern gesungen und kann auch heute noch zur guten Stimmung beitragen. Eine makabere Textvariante zur 4. Strophe lautet: „Wenn ich einst gestorben bin, komm zu meinem Grabe hin. Leg mir auf die kalte Brust eine warme Leberwurst".
Zu diesem Lied gibt es auch noch andere Strophen, die der Volksmund hinzugefügt hat. Folgende Strophen schickte uns ein Leser: „Wenn ich dann im Himmel bin, ... ist mein Liebchen auch schon drin ... Denn es ist ein alter Brauch, ... was sich liebt, das kriegt sich auch, ...“; oder: „Die Liebe ist ein Omnibus, ... auf den man lange warten muß, ... Kommt er endlich angewetzt, ... ruft der Schaffner: schon besetzt ...“

Eignet sich für Instrumentalbegleitung
(z.B. Gruppe 1 spielt zum Text Melodieinstrumente, Gruppe 2 zum Kehrreim mit Schlagwerk).
Lebhafter 2/4-Takt

Hu, da kommt der Winter her [Seite 55]

Dieses Lied hat mir die Teilnehmerin einer Gruppe einmal vorgesungen. Ich habe es bisher noch in keinem anderen Liederbuch entdeckt und das ist schade! Es beschreibt mit knappen aber sehr treffenden Worten den Winter und lohnt sich gesungen zu werden.

Begleitung mit Instrumenten möglich.
Lebhafter 4/4-Takt

Ich bete an die Macht der Liebe [Seite 146]

Ein feierliches Lied, das die Liebe beschreibt und bei vielen Menschen intensive Gefühle und Erinnerungen weckt. Bekannt ist es heute vor allem als Gebet der Soldaten während der Helmabnahme beim großen Zapfenstreich und − auf Wunsch − auch bei Gelöbnissen. 1838/39 wurde von Wilhelm Wiebrecht der große Zapfenstreich komponiert. Mit dem Befehl „Helm ab zum Gebet!“, werden die Soldaten seitdem aufgefordert zu diesem Lied ihr Gebet zu halten, anschließend erklingt die Nationalhymne. Die Frage „Kann man Soldaten ein Gebet befehlen?“, wird seitdem immer wieder diskutiert. Während des Dritten Reiches wurde es von der SS, die damals für den Zapfenstreich zuständig wurde, durch ein anderes Lied ersetzt. Erst die Bundeswehr hat es wieder eingeführt. Der Text stammt vom Laientheologen, Mystiker und Dichter Gerhard Terstegen (*1697 Moers/Niederrhein, † 1769 Mülheim a. d. Ruhr), der insgesamt 111 Liedtexte dichtete. Die Melodie komponierte der russische Komponist Dimitrij Bortmianskij (1751-1825), der bis 1799 in Italien und dann in Petersburg lebte (Opern, Sinfonien, Kammermusik).

Ein Lied zum Singen.
Ruhiger 3/4-Takt

222

Ich bin die kleine Nienburgerin [Seite 132]

Ein altes Scherzlied, das vom Konflikt zwischen der feinen, städtischen Nienburgerin (Niedersächsische Kleinstadt) und dem bäuerlichen Kalenberger (im Südwesten von Hannover) erzählt. Es wird am besten im Wechselgesang zwischen Frauen und Männern gesungen. Erklärung für plattdeutsche Begriffe: Deiwitz= Dreispitz (berühmter Männerhut des 18. Jahrhunderts mit hoch gebogener, an drei Stellen befestigter Krempe), Builen = Beulen, Böxen = Hosen.

Eignet sich gut für Instrumentalbegleitung.
Lustiger 3/4-Takt

Ich hab die Nacht geträumet [Seite 147]

Dieses schöne, traurige Lied erschien das erste Mal in August Zarnacks Sammlung „Deutsche Volkslieder" II, Berlin 1820. Laut Liederforscher und Dichter Hoffman von Fallersleben hat Zarnack den Text selbst verfasst. Die Melodie wurde auch mit August Mahlmanns Gedicht von 1804 „Das Laub fällt von den Bäumen" (s.o.) verbunden. Der beschriebene „Rosmarienbaum" gilt als Symbol für Liebe (Troubadoure überreichten der Dame ihrer Wahl Rosmarin) aber auch für Trauer. So gaben die alten Ägypter ihren Toten Rosmarinzweige in die Hände, um die Reise in das Land der unsterblichen Seelen mit ihrem Duft zu versüßen und in Griechenland wand man Totenkränze aus Rosmarin.
Der Theologe Joachim August Christian Zarnack (1777-1827) war Erziehungs-Direktor am Königlichen „Militair-Waisenhause zu Potsdam" und machte sich neben der Herausgabe seiner Liedersammlungen auch viele Gedanken über das Singen von Volksliedern in Schulen. So ist sein Aufsatz „über die Hindernisse, welche der Einführung besserer Volkslieder in Schulen gegenüberstehen" heute noch bekannt. Er dichtete auch die erste Strophe des bekannten Weihnachtsliedes „O Tannenbaum".

Ein Lied zum Singen, wird langsam klagend vorgetragen.

Ich ging durch einen grasgrünen Wald [Seite 148]

Dieses schöne Lied aus dem 18. Jahrhundert gibt es in verschiedenen Textversionen. Der alte Originaltext aus Hessen lässt erst im Laufe des Liedes erkennen, dass es sich schließlich um eine Warnung an junge Mädchen vor Junggesellen handelt. Der beschriebene Dialog ist so „aus dem Leben gegriffen", dass er viele Menschen noch heute anspricht und an eigene Erfahrungen erinnert.
Die hier ebenfalls angegebene 2. Textfassung als Frühlingslied schwingt sehr schön und lenkt die Gedanken hin zur Natur und die darin enthaltene Kraft und Schönheit.

Ein Lied, das gut mit Instrumenten begleitet werden kann (einfach, da wenig Harmoniewechsel!).
Schwingender 6/8-Takt

Ich hab mir einen Hut gekauft [Seite 173]

Ein schwungvolles Spiel- und Tanzlied aus Portugal, dessen deutscher Text gemeinsam mit Bewohnern des EILENRIEDESTIFT`s Hannover erarbeitet worden ist.

223

Die Geschichte eines Mädchens, das mit Hilfe ihres neuen Hutes einen Freund findet und ihn bald darauf wieder verliert, kann während des Singens auch mit Gesten nacherzählt werden. Dabei kann man Hüte einsetzen und zum Lied bewegen.

Ein Lied, das sehr gut mit Instrumenten begleitet werden kann.
In der Pause der Melodie (2. Zeile) kann der angegebene Rhythmus geklatscht oder mit Guero (Ratsche), Triangel und Trommel gespielt werden.
Das Zwischenspiel kann gesummt (la, la, la) oder auch auf einem Instrument gespielt werden und folgt immer nach 2 Strophen.
Lebendiger 4/4-Takt

Ihr lustigen Hannoveraner [Seite 68]

Zurzeit der Freiheitskriege (1813-1815) entstand dieses Soldatenlied. Es berichtet scherzhaft vom Leben der preußischen Armee und der preußischen Husaren, die unter Fürst Blücher als Kavallerie eingesetzt wurden und besondere Bedeutung erlangten. Das Lied überdauerte den Befreiungskrieg, der 1815 mit Napoleons Niederlage bei Waterloo endete, und wurde zu einem viel gesungenen volkstümlichen Heimatlied.
Ursprünglich im 3/4-Takt geschrieben (hier angegeben), wird es heute als „Lied der Hannoveraner" besonders beim berühmten Schützenfest in Hannover als Marschlied im 4/4-Takt gespielt. Ein Lied, das durch seinen schwungvollen Rhythmus als belebendes Musikstück eingesetzt werden kann und gleichzeitig anregt, Geschichtskenntnisse aufzufrischen.

Begleitung mit Rhythmusinstrumenten empfehlenswert.
Lebhafter 3/4-Takt

Im grünen Wald, dort wo die Drossel singt [Seite 69]

Ein Jägerlied, dessen Text wohl von der heute fast in Vergessenheit geratenen schlesischen Schriftstellerin Friederike Kempner (geb. am 25.06.1836 in Opatow/Posen; gest. 23.02.1904 in Friederikenhof/Breslau) stammt, die unter dem Namen: „Schlesischer Schwan" oder auch „Schlesische Nachtigall" bekannt wurde. Merkwürdigerweise ist Kempner nur in wenigen Sammlungen als Autorin erwähnt — liegt das vielleicht an ihrem zweifelhaften Ruf? Ihre ernst gemeinten Werke wurden in der Literaturszene als „komisch" klassifiziert; sie verdienen es aber dennoch, als interessante Zeitdokumente einmal gelesen zu werden. Die Melodie stammt von dem Berliner Kapellmeister Max Oscheit (1880-1923), der viele Märsche und Tänze komponiert hat (Quelle: Deutsches Volksliedarchiv, Freiburg) und gehörte wahrscheinlich ursprünglich zu dem heute unbekannten Lied: „Ungetreuer du" (1904).
Das Lied berichtet von der Reue eines Jägers gegenüber der eigenen Tat, ein Reh erlegt zu haben. Dieses „Schlüsselerlebnis" ist so stark, dass es auch im späteren Leben noch präsent ist. Der Text steht damit beispielhaft für bestimmte Taten oder Erlebnisse, die man lieber ungeschehen machen oder lieber nur geträumt haben möchte.
Anregung: Wann hatten Sie das Gefühl oder den Wunsch, „alles nur geträumt zu haben?"

Begleitung mit Orff'schen Instrumenten möglich (auch als Klangbegleitung zum Thema Waldgeräusche möglich).
Lebendiger 4/4-Takt

Im Krug zum grünen Kranze [Seite 72]

Ein Wanderlied von Wilhelm Müller (s.a. „Das Wandern ist des Müllers Lust"), das von einer Begegnung mit einem schon arg angetrunkenen Wanderer erzählt. Es ist als Stimmungslied bekannt und wird noch heute gerne nach Wandertouren gesungen. Der kritische Unterton über den Umgang mit Alkohol wird beim Singen nicht gleich erkennbar, sollte aber durchaus einmal bedacht werden, wenn dieses Lied angestimmt wird.

Begleitung mit Orff'schen Instrumenten empfehlenswert.
Lebhafter 4/4-Takt

Im Märzen der Bauer [Seite 40]

Dieses Lied wurde besonders durch die Schulmusikbücher bekannt. Es beschreibt die Arbeiten auf dem Lande vom Frühjahr bis in den Winter. Es eignet sich als Anlass, das Thema „die vier Jahreszeiten" anzusprechen, aber auch Erinnerungen an eigene Gartenarbeit und die traditionelle Arbeitsteilung der Geschlechter im ländlichen Leben. Aus mehreren Fassungen des Liedes ist hier eine Auswahl getroffen worden (2. Strophe Möseler Verlag, 1.,3. und 4. Strophe Bärenreiter Verlag).

Begleitung mit Orff'schen Instrumenten empfehlenswert; je Strophe kann man unterschiedliche Instrumente einsetzen (themenbezogen).
Lebhafter 3/4-Takt

Im schönsten Wiesengrunde [Seite 91]

Gefühlvolles Lied, das viele Menschen an ihre Heimat und Kindheit erinnert und sie besonders anspricht. Eine Möglichkeit, wieder an „zu Hause" zu denken und Erinnerungen hochkommen zu lassen, die glücklich, aber auch von Traurigkeit begleitet sein können. Für viele Menschen ihr „Lieblingslied". Es entstand 1851 als Tagebucheintrag vom Gerichtsschreiber Wilhelm Christian Ganzhorn, der an seinem letzten Ferientag im Gasthof „Rößle" zu Connweiler von seinen Abschiedsgefühlen inspiriert wurde. Er war in die damals erst 14 Jahre alte Wirtstochter Luise Alber verliebt, die er vier Jahre später heiratete. Der Lehrer Ruppert vertonte es nach der Melodie „Drei Lilien, drei Lilien" und trug es zur Hochzeit der beiden das erste Mal mit seinen Schülern der Öffentlichkeit vor.

Ein Lied zum Singen, dezente Instrumentalbegleitung möglich.
Ruhiger 4/4-Takt

Im Wald und auf der Heide [Seite 70]

Ein sehr beliebtes Jägerlied vom Dichter Wilhelm Bornemann (1766-1851) geboren 1766 in Gardelegen (Altmark) und gestorben 1851 in Berlin, wo er Generaldirektor der Preußischen Staatslotterie war. Er schrieb vor allem Lyrik in Altmärker Mundart und zählte zu den wenigen Schriftstellern des beginnenden 19. Jahrhunderts, die in plattdeutscher Sprache schrieben und damit zu ihrer Verbreitung beitrug. Er war Tafelmeister der berühmten Berliner „Liedertafel" (Zelter) und begeisterter patriotischer Turner.

Lebendiges Lied, dessen Galopprhythmus man gut mit Rhythmusinstrumenten spielen kann.
Flotter 4/4-Takt

In einem Dorf im Schwabenland [Seite 128]

Ein humorvolles aber auch umstrittenes Lied, das zeitweise sogar aus der berühmten Mundorgel verschwand. Dem bayerischen Lehrerverband passte es damals nicht, welches Bild vom Lehrer besungen wurde. Inzwischen hat es aber auch dort seinen Platz wieder. „Das arme Dorfschulmeisterlein" war ja keineswegs Häme eines Außenstehenden sondern es wurde von einem Lehrer geschrieben, der aufgrund des Liedes seines Postens enthoben wurde. Später betrieb er eine gut gehende Bonbonfabrik und „versüßte so das Leben der Jugend auf seine Weise". Die Nachkommen bestehen allerdings bis heute darauf, dass der Lehrer anonym bleibt. Entstanden ist es nach Motiven des dichtenden Dorfschulmeisters von Flehingen, (Ldkrs. Karlsruhe) Samuel Friedrich Sauter. Er lieh übrigens der Stilepoche des Biedermeier seinen Namen, denn Biedermeier war eine Ulkfigur, geschaffen von Karlsruhern, die sich so über den reimenden Schulmeister und dessen Poesien köstlich amüsierten. In seinem „Dorfschulmeisterlein" heißt es: „1. Willst wissen du, mein lieber Christ, Wer das geplagteste Männchen ist? Die Antwort lautet allgemein: Ein armes Dorfschulmeisterlein."

Ein flottes Lied, das man gut mit Rhythmusinstrumenten begleiten kann.
Lebhafter 4/4-Takt

In einem kühlen Grunde [Seite 73]

Dieses Liebeslied wurde zunächst unter dem Titel „Das zerbrochene Ringlein" herausgegeben. Friedrich Silcher hat es durch seine Chorbearbeitung bekannt gemacht.
Der dramatische Inhalt gibt ein gutes Bild von den Fluchtfantasien, die Anfang des 18. Jahrhunderts ein enttäuschter Liebhaber gehabt haben kann. Das Leben als reisender Spielmann oder als Soldat in der Schlacht scheint der einzige Ausweg zu sein, sich von dem Schmerz und der Verletztheit zu befreien. Das Lied kann Anlass bieten, über eigene Enttäuschungen und über heutige Fluchtmöglichkeiten zu sprechen.

Ein Lied zum Singen, dezente Instrumentalbegleitung möglich.
Schwingender 6/8-Takt

In einem Polenstädtchen [Seite 162]

Ein Marschlied, dass aber nicht nur als Volks- oder Tanzlied sondern auch als Marschlied der Soldaten im 2. Weltkrieg weite Verbreitung gefunden und ist nicht zuletzt aus diesem Grund heute in keinem Volksliederbuch mehr enthalten. Verschiedene Textvarianten machten dabei aus dem „Kavalier" einen „Grenadier", der wohl eher zu dem raueren Soldatenton passte. Junge Frauen dagegen sangen damals scherzhaft in der dritten Strophe: „Nimm hin, du Dussel-, Dusseltier, den ersten und letzten Kuss von mir, ..."

Begleitinstrumente können den Marschtakt gut unterstützen.
Ruhiger 4/4-Takt

In einen Harung [Seite 130]

Der Harung/Hering gehört zu den beliebtesten Speisefischen und wird u.a. als Matjes, Bismarckhering, Rollmops, Bückling oder Brathering verzehrt und war als eiweißreiches Nahrungsmittel schon im Mittelalter sehr begehrt. Er kommt als Weißmeer-, Murma- oder

Norwegischer Hering in der Nordsee, dem nördlichen Eismeer und dem Atlantik vor, wird bis zu 36 Zentimeter lang und hat ausgewachsen bis zu 25 Prozent Fettgehalt. Dass sich nun gerade eine Flunder, der übrigens am häufigsten in der Brandung gefangene Fisch, in den schlanken, eleganten Hering verliebt ist komisch und originell. Die Flunder, mit ihren schmutzig gelben oder roten Flecken und ihrem ovalen, mit kleinen Schuppen bedeckten Körper ist nun wahrlich nicht attraktiv. Erst der unverhoffte Reichtum macht sie interessant, wie so oft im Leben ... Ein Lied, das besonders gern von Jugendgruppen gesungen wird.

Ein lustiges Lied, kann gut mit Orff'schen Instrumenten begleitet werden.
Schwungvoller 4/4-Takt

In meinem kleinen Apfel [Seite 105]

In diesem beliebten Kinderlied wird in drei Strophen das „Apfelhaus" beschrieben. Wolfgang Amadeus Mozarts kleine Melodie aus der Zauberflöte findet so eine neue Aufgabe. Mozart hatte das Thema ursprünglich für den 2. Akt der Zauberflöte komponiert. Dort werden die Zauberglocken um Hilfe gebeten, um Tamino seine Pamina zu bringen: " Klinget, Glöckchen, klinget, schafft mein Weibchen her! Klinget, Glöckchen klinget! Bringt mein Weibchen her!" Ein Lied, das besonders zurzeit der Apfelernte gerne gesungen wird.

Man kann die Melodie gut auf dem Xylophon oder Glockenspiel spielen.
Ruhiger 4/4-Takt

In Peru, in Peru in den Anden [Seite 116]

Ein lustiges Lied für Kinder und jung gebliebene, in dem ein Motiv von Gerhard Wendlands Schlager „Yambalaya!" parodiert wird. Dort heißt es ursprünglich: „In Peru, in Peru in den Anden, triffst auch du, triffst auch du deine Banden."
Hier gerät nun eine Kuh in Bedrängnis und erfreut damit ein Lama. Die Geschichte ist so lustig, dass sie immer wieder für viel Vergnügen bei den Kindern sorgt. Probieren Sie es aus — viel Spaß beim Singen!

Kann gut mit Rhythmusinstrumenten begleitet werden.
Flotter 2/4-Takt

Innsbruck, ich muss dich lassen [Seite 92]

Nach der Überlieferung soll der Text von Maximilian I. 1496 geschrieben worden sein, als er nach seiner Wahl zum Kaiser Innsbruck verlassen musste. Sein Hofkapellmeister Heinrich Ysac (1450-1517) gab dem Lied dann die berühmte Melodie. Nicht nur durch den berühmten vierstimmigen Chorsatz Ysacs, sondern auch durch verschiedene Choralsätze von J. S. Bach (u.a. in der Matthäus-Passion) wurde die eigentümliche Melodie im ganzen deutschsprachigen Raum bekannt. Besonders die ruhige, feierliche Stimmung dieses Liedes hebt es von den meisten anderen Volksliedern ab. Ein Abschiedslied, das gern als Abend- oder Abschlusslied gesungen wird.

Ein Lied zum Singen, rhythmische Instrumentalbegleitung nicht empfehlenswert.
3/2-; 2/2-Takt

Jetzt fahr'n wir übern See [Seite 88]

Scherz- und Frühlingslied aus Nordböhmen, das sich auch als Konzentrationsspiel anbietet. Man kann das letzte Wort (in Klammern) jedes Satzes zunächst weglassen und dann erst bei der Wiederholung singen. Wer es aus Versehen trotzdem singt, muss ein Pfand abgeben. Setzt man Instrumente ein, was sich hier hervorragend anbietet, können die Instrumente ebenfalls an dieser Stelle eine Pause machen. Der lustige Text und die fröhliche Melodie erzeugen meist eine muntere Stimmung. Ein Lied für die aktive Musiktherapie in der Gruppenarbeit.

Geeignet für Instrumentalbegleitung auf Stabspielen und Rhythmusinstrumenten.
Lebhafter 4/4-Takt

Jetzt fängt das schöne Frühjahr an [Seite 41]

Mit nur 6 Takten eines der kürzesten Volkslieder. Es eignet sich als Frühjahrslied, das die Natur besingt, enthält aber auch eine kleine Liebesgeschichte. Mit dem Schatz, der hier nicht mehr gefällt ist der vergangene Winter gemeint, von dem man jetzt endlich Abschied nehmen will. Die erste Aufzeichnung stammt vom Niederrhein (1880), später wurde es auch in Schwaben und Mitteldeutschland veröffentlicht. Eigentümlich ist die Melodie mit dem Taktwechsel.

Geeignet für rhythmische Übungen mit Rhythmusinstrumenten.
Lebhafter 2/4- und 3/4-Takt

Jetzt kommen die lustigen Tage [Seite 150]

Ein sehr bekanntes Volkslied, dessen Herkunft nicht ganz klar ist. Manche Quellen geben Sudetendeutschland an, andere Schlesien und Südmähren. Datiert ist es auf jeden Fall auf die zweite Hälfte des 19. Jahrhunderts als traditionelles Lied, Autor und Komponist sind leider unbekannt. Es erfreut sich heute noch großer Beliebtheit und wird auf vielen Festen gerne gesungen. Die positive Grundeinstellung weckt neue Lebensgeister und so kann es als aktivierendes und belebendes Lied eingesetzt werden.

Kann sehr gut rhythmisch begleitet werden!
Lebhaftes, lustiges Lied, flotter 4/4-Takt

Kein Feuer, keine Kohle [Seite 151]

Ein Liebeslied, das an die Sänger/innen einige Anforderungen stellt. Besonders bei dem lang gezogenen „weiß" (1. Strophe) am Ende der Melodie muss tief Luft geholt werden. Schon deshalb ein lohnendes Lied für die Musiktherapie, aktiviert es doch die Atemmuskulatur. Das Lied bietet sich auch für die Gedankenarbeit an: Die im Lied verwendeten Symbole „Rose", „Nelke", „Spiegel ins Herze" sind durchaus heute noch bedeutungsvoll und können deshalb gut hinterfragt werden.

Instrumentalbegleitung nur vorsichtig als Unterstützung des 3er-Taktes einsetzen.
Ruhiger 3/4-Takt

228

Kein schöner Land [Seite 24]

Wilhelm Zuccalmaglio war ein bekannter Dichter, Musiker und Sammler deutscher Volkslieder. 1838-40 gab er zusammen mit A. Kretzschmer ‚Deutsche Volkslieder mit ihren Originalweisen' (zwei Bände; Nachdruck 1969) heraus, zu denen er Texte und Melodien selbst schrieb. Die Melodie ist eine Umformung der Weisen „Ade, mein Schatz, und ich muß fort" (in Büsching und von der Hagens „Sammlung deutscher Volkslieder", Berlin 1807) und „Ich kann und mag nimmer fröhlich sein" (in Erk Irmers „Deutschen Volksliedern").
Ein Abendlied, das seit der Jugendbewegung der 20er-Jahre in ganz Deutschland bekannt ist. Es wurde nach Wandertouren abends am Lagerfeuer gesungen. Das Lied wird ruhig und mit langen Fermaten („A- bend") gesungen und lässt eine feierliche Stimmung entstehen.

Instrumentalbegleitung interessant, besonders durch die Fermaten (längeres Halten der Töne) wird die Konzentration und das Zusammenspiel gefördert.
Ruhiger 3/4-Takt

Kennt ji al dat nije Leed [Seite 133]

Dieser Rundgesang gehört zu den bekanntesten und beliebtesten norddeutschen Liedern. Es gibt etwa 800 Strophen, die das Schicksal der Pastorenkuh beschreiben. Traditionell wird dabei das ganze Dorf vorgestellt und auf den Arm genommen. Die hier vorgestellten 10 Strophen können deshalb nur einen kleinen Eindruck von diesem lustigen Lied geben.

Schwungvolle Begleitung mit Orff'schen Instrumenten empfehlenswert.
Lebendiger 2/4-Takt

Komm, komm Engelein [Seite 108]

Ein neues Lied, das ich (der Verfasser) in der Weihnachtszeit 1996 für Kinder und Senioren geschrieben habe. Es hat beiden Generationen sehr viel Spaß gemacht, das Lied zu singen und kommt aus diesem Grund in „Freude am Singen". Wer Gelegenheit hat, das Lied mit oder für Kinder zu singen, sollte es einmal versuchen. Obwohl die heutige moderne Kirche mit dem volkstümlichen Bild des Engels (Flügel, Kindgestalt) Schwierigkeiten hat, ist der „Schutzengel", der hier gemeint ist, doch noch vielen Menschen präsent und hilft ihnen in Krisensituationen als Symbol für den Schutz Gottes. Dieses Lied kann Ausgangspunkt zu Gesprächen darüber sein.

Begleitung mit Orff'schen Instrumenten empfehlenswert.
Ruhiger 4/4-Takt

Komm lieber Mai und mache [Seite 57]

Zu Overbecks Gedicht „Fritzchen an den Mai" komponierte Mozart 1791 die berühmte Melodie, die dieses Lied so bekannt gemacht hat. Da es die winterliche Sehnsucht nach dem Frühling beschreibt, der erst noch kommen wird, handelt es sich eigentlich um ein Winterlied. Den Liedanfang hat Mozart auch als Thema für das schöne Klavierkonzert Nr. 27 B-Dur (1. Satz), KV 595, verwendet. Es lohnt sich, im Zusammenhang mit dem Lied auch einmal das Konzert zu hören, das, wie das Lied, sehr belebend wirkt und den Zuhörern einfach Freude bereitet. Das Lied ist ein Beispiel dafür, dass auch große Komponisten sich mit Volksliedern beschäftigten.

Instrumentalbegleitung empfehlenswert.
Lebendiger 6/8-Takt

Kommt ein Vogel geflogen [Seite 153]

Gerne gesungenes Lied, das es in vielen Textvariationen gibt. Der Gruß ist mal von der Liebsten, vom Dirnd'l, vom Schätzel oder von der Mutter und erzählt einfach von der Sehnsucht eines einsamen Menschen in der Fremde nach einer geliebten Person, die zu Hause wartet. Die Strophen des ursprünglich aus Österreich stammenden Liebesliedes gibt es in verschiedenen Mundarten. Die vielfältigen Variationen zeugen von der großen Bekanntheit und Verbreitung. Z.B. gibt es die 2. Strophe auch so: „Daderheim is mein Schatzerl, in der Fremd bin i hier; und es fragt halt kei Katzerl' und kei Hunderl ‚nach mir".

Begleitung mit Orff'schen Instrumenten.
Hier ist einmal beispielhaft eine einfache Quintbegleitung für das Xylophon und
eine Melodiebegleitung für das Metallophon notiert.
Wichtig ist dabei: Symmetrie, (d.h. 4-taktiges Schema, das sich leicht wiederholen
lässt) Xylophon: Basiston: Ein Ton wird dauerhaft von einer Hand gespielt (hier rechts
G) Metallophon: Abwärts gespielte Begleitung, die auf der Tonleiter aufbaut.
Lebhafter 3/4-Takt

Kuckuck, Kuckuck ruft's aus dem Wald [Seite 33]

Schon durch den Kuckucksruf (G-E) - (hier A-Fis), der sich auf den Stabspielen gut nachspielen lässt, ist es ein für die Musiktherapie geeignetes Lied. Der Kuckuck und sein Verhalten in der Natur ist aber auch ein interessantes Thema für Gespräche, auch durch die mit ihm verbundenen Legenden (Geld in der Tasche haben, wenn der Kuckuck ruft ...).

Instrumentalbegleitung mit dem Kuckucksruf auf den Stabspielen.
Bewegter 3/4-Takt

Land der dunklen Wälder [Seite 76]

Das Heimatlied der Ostpreußen, das bis zum Jahr 1945 die östlichste deutsche Provinz mit der Hauptstadt Königsberg i. Pr. war und heute zu Polen (südl.) und zu Russland (nördl.) gehört. Es beschreibt mit prägnanten Worten den ländlichen Charakter einer Ostseeküste, die bis heute vielen Tierarten und besonders den Elchen letzte Rückzugsmöglichkeiten bietet. Ein besonders für Flüchtlinge und Vertriebene wichtiges Lied, das Erinnerungen an Erlebnisse in der ehemaligen Heimat wecken dürfte.

Begleitung mit Rhythmusinstrumenten möglich.
Tipp: Man kann die Strophen unterschiedlich begleiten: z.B. 1.: Alle, 2. Trommeln
imitieren das Schreiten der Pferde und des Bauern, 3. Becken und Stabspiele stellen
das Meer dar, 4. das aufsteigende Licht mit einem Crescendo darstellen, 5. Alle.
Ruhiger 4/4-Takt

Lang, lang ist's her [Seite 152]

Ein Liebeslied, das schon im 18. Jahrhundert im deutschsprachigen Raum weit verbreitet war. Heute sind verschiedene Textfassungen überliefert, die vorliegende stammt aus dem allgemeinen deutschen Commersbuch aus dem Jahre 1884. Es bietet sich hier ein Wechselgesang zwischen Solo und Chor (in kursiver Schrift) an, der es jedem schnell ermöglicht mitzusingen.

Zu der Melodie kann auch folgender Text gesungen werden, der von ersten Liebeserlebnissen erzählt und immer wieder vom „Lang, lang ist's her begleitet wird:

„Als ich noch im Flügelkleide in die Mädchenschule ging, / da war ich schon mit 15 Jahren ein ganz verliebte Ding. / Ein Schüler vom Gymnasium, der brachte stets mich heim, / und pflanzte in mein junges Herz die erste Liebe ein. / Und bei der ersten Liebe haben wir uns viel gesagt, / doch je uns mal zu küssen, das haben wir nicht gewagt. Und als der Tag der Trennung kam, wie das im Leben geht, / da musste mein Schatz nach Heidelberg, zur Universität. / Er schrieb mir viele Briefe, bis auch der Letzte kam, / weil dort mein Schatz in Heidelberg, ein anderes Mädel nahm."

Begleitung mit Rhythmusinstrumenten empfehlenswert (der Wechselgesang kann auch auf Instrumenten versucht werden).
Moderater 4/4-Takt

Lass doch der Jugend [Seite 174]

Ein Tanzlied, zusammengesetzt aus einem der ältesten und typischen deutschen Walzer: „Nur noch einen Walzer", der insgesamt 9 Strophen umfasste und 1855 in der Sammlung „Fränkischen Volkslieder" veröffentlicht wurde und dem aus der Gegend von Darmstadt überlieferten Schweinauer Tanz. Angeregt durch die Strophen des erwähnten Walzerliedes wie den Gedanken des letzten Walzer schrieb Zuccalmaglio sein berühmtes Lied, das von Schubert vertont wurde: „Schwesterlein, wann gehen wir nach Haus".

Lebhafte Begleitung mit Orff'schen Instrumenten empfehlenswert.
3/4-Takt

Lasst uns miteinander [Seite 15]

Ein Kanon aus dem neuen evangelischen Gesangbuch, der als lebendiges und fröhliches Gebet gesungen werden kann. Die Melodie stellt einige Anforderungen an die Sänger, ist aber eingängig und gut zu erlernen.

Lebhafte Begleitung mit Rhythmusinstrumenten empfehlenswert.
Mäßiger 4/4-Takt (auch einmal schneller ausprobieren!)

Leise zieht durch mein Gemüt [Seite 41]

Ein stilles Frühlingslied von Heine, das durch seine schöne Melodie eine besondere Atmosphäre schaffen kann. Man kann es auch summen (La, La; Mmm, Mmm; Da, da etc.) und dadurch besonders gut mit der Melodieführung arbeiten, die durch die enthaltene

Kadenz über A-Dur einen besonderen Reiz hat. Als Scherzlied war dies Lied Anfang des 20. Jahrhunderts manchen Kindern auch mit folgendem Text bekannt:
Leise zieht durch mein Gemüt eine Miesekatze,
wenn man sie am Schwanze zieht, schlägt sie mit der Tatze.

Zum Singen, Summen und zur Begleitung mit Instrumenten gut geeignet.
Ruhiger 4/4-Takt

Lobet und preiset [Seite 15]

Ein dreistimmiger Kanon, der leicht zu erlernen ist und sich gut als musikalisches Tischgebet eignet. Das Singen eines Kanons ist immer eine besondere Herausforderung. Es schult das Gedächtnis und fördert vor allem das Gemeinschaftsgefühl. Jeder hat dabei die nicht einfache Aufgabe, die eigene Stimme weiter zu singen, ohne sich dabei von den anderen ablenken zu lassen.

Primär zum reinen Singen geeignet.
Lebendiger 3/4-Takt

Lorelei [Seite 185]

Die Lorelei ist eines der Lieder, die fast jeden Menschen tief berühren. Es rührt archaische Erinnerungen an vergangene, sagenhafte Zeiten, die mit einer tiefen Sehnsucht nach Liebe und damit verbundenem Schmerz begleitet werden. Ein Lied, das Gefühle weckt und in der Musiktherapie in Verbindung mit Vorlesestunden von Märchen oder Sagen eingesetzt werden kann.
Heinrich Heine schrieb es nach der alten Sage von der Meerjungfrau Lore Ley, die der Dichter Clemens von Brentano aufgeschrieben hatte. Angeregt wurde er dazu auch durch die unerfüllte Liebe zu seiner Nichte Amalie Heine, in die er leidenschaftlich verliebt war, die ihn aber zurückgewiesen hatte. Der Lorelei-Felsen am Rhein ist heute eine Touristenattraktion und in den vorbeifahrenden Ausflugdampfern erklingt immer wieder Heines Lied.

Instrumentalbegleitung nur vorsichtig einsetzen (Flöte, Geige, Klavier, Keyboard etc.).
Ruhiger 6/8-Takt

Lustig ist das Zigeunerleben [Seite 74]

Das hier romantisierte Leben der Zigeuner war schon Anfang dieses Jahrhunderts für viele Menschen faszinierend und zugleich beängstigend und mit Vorurteilen behaftet („Zigeuner nehmen Kinder mit!"). Interessant ist es, einmal zu hinterfragen, wer sich noch an vorbeiziehende Zigeuner erinnert, denn sie tauchten früher durchaus noch mit Tanzbär und Geigenspiel auf und sind dadurch als einprägsames Ereignis in Erinnerung geblieben. Bei diesem Lied denken viele an Lagerfeuer und wilde Musik, an tanzende Frauen in bunten Röcken, an ein Volk, das mit Wohnwagen unterwegs ist und ein freies, naturverbundenes Leben führt. Andere denken, wenn sie das Wort „Zigeuner" hören, an Menschen, die betteln, betrügen und stehlen, die ihre Kinder nicht zur Schule schicken

232

und ungewaschen herumlaufen lassen. Im „Dritten Reich" wurden „Zigeuner" von den Nationalsozialisten verfolgt. Heute noch begegnen ihnen viele mit Ablehnung.

Begleitung mit kleinem Schlagwerk und Trommeln
(der Rhythmus des Refrains kann auch einmal klatschend dargestellt werden).
Lebhafter 3/4-Takt

Mädle ruck, ruck, ruck [Seite 154]

Friedrich Silcher (1789-1860), einer der wichtigsten Volksmusiksammler und Herausgeber zahlreicher Liederbücher, hat dieses Lied bearbeitet und unter dem Titel „Die Auserwählte" veröffentlicht. Der Text stammt von August Gathy, (geb. 1800/1804? in Lüttich, gest. 1858 in Paris), der längere Zeit als Musikschriftsteller und Kritiker in Berlin, Hamburg und Paris lebte und besonders im norddeutschen Raum sehr geschätzt war. Die Melodie von C. Wihelm (1848). Die schwungvolle Melodie hat schon so manche Generation begeistert. Der Text stammt aus der Zeit der Romantik und besonders die dritte Strophe mit der Androhung des Verliebten, bei Zurückweisung der Liebe in den Krieg zu ziehen (siehe auch „In einem kühlen Grunde"), kann aber durchaus auch kritisch gesehen werden.

Begleitung mit Rhythmusinstrumenten empfehlenswert.
4/4-Takt in leichter Bewegung

Mariechen saß weinend im Garten [Seite 186]

Eine Moritat vom Dichter Joseph Christian Freiherr von Zedlitz (Kammerherr in Wien, Autor und Offizier). Er war Jugendfreund von J. von Eichendorff. 1838-48 im Dienst der österreichischen Staatskanzlei, verfasste er patriotische Lyrik in der Tradition der Romantik („Die nächtliche Meerschau"); sein dramatisches Werk ist von der Schicksalstragödie bestimmt („Herr und Sklave", 1831).
Moritaten und Bänkelgesänge gibt es seit Anfang des 17. Jahrhunderts und wurden von Bänkelsängern vorgetragen. Das Geschehen wurde zum Teil auch auf Bildtafeln dargestellt. Als Ersatz für die heutige Zeitung dienten sie zum Verbreiten von allerlei Schauergeschichten, die übrigens keine Kritik an der Obrigkeit enthalten durften. Meist mündlich weitergegeben, gehörten sie auch zum Repertoire der Lieder, die bei der Küchenarbeit gesungen wurden. „Mariechen" ist eines der bekanntesten Bänkellieder und wird noch heute, meist begleitet von einem wohligen Schauer, gerne gesungen.

Begleitung des Taktes mit Rhythmusinstrumenten.
Schwingender 6/8-Takt

Mein kleiner Sonnenschein [Seite 25]

Ein bisher unveröffentlichtes Schlaflied, das ein Lehrer aus Wennigsen (bei Hannover) seiner Tochter zum einjährigen Geburtstag geschrieben und zugeschickt hat, während er in Frankreich (1917) als Soldat an der Front war. Der Text lässt erahnen, in welcher Besorgnis er um seine kleine Tochter war. Als Lied schickt er seine fürsorglichen und liebevollen Gedanken seiner Familie zu.

Das Lied zeigt, wie gut man mit Musik Gefühle ausdrücken und Dinge formulieren kann, die sonst ungehört bleiben würden. Ein lebendiges Beispiel auch für den Nutzen der Musiktherapie!

Dezente Begleitung mit Orff'schen Instrumenten möglich.
Schwingender 3/8-Takt

Mit dem Pfeil, dem Bogen [Seite 75]

Ein Jägerlied, das weite Verbreitung gefunden hat und in vielen Schul- und Kinderlie-derbüchern enthalten war. Friedrich von Schiller (1759-1805) dichtete es 1803 für sein spätes Drama „Wilhelm Tell", in dem die berühmte Geschichte des Schweizer Volkshelden Tell erzählt wird, der vom Landvogt Geßler gezwungen wurde, einen Apfel vom Kopf des eigenen Sohnes, Walter Tell, zu schießen. Wenig später tötet Tell den Tyrannen in der „hohlen Gasse". Der kleine Walter singt in dem Drama mit seinem Bruder das Lied, wäh-rend er mit einem kleinen Bogen spielt – ein Grund, warum es als Kinderlied so bekannt wurde. Die Melodie gehörte ursprünglich zu dem Abendlied „Blaue Nebel steigen", das Anselm Weber 1804 komponierte.
Besonders der Refrain lädt zum intensiven Singen ein. Er ist leicht zu singen und kann noch mit freier Bass- oder Oberstimme begleitet werden.

Sanfte Begleitung mit Orff'schen Instrumenten möglich.
Lebendiger 6/8-Takt

Muss i denn zum Städtele hinaus [Seite 95]

Der Tübinger Musikpädagoge und Volksliedsammler Friedrich Silcher hörte dieses Lied 1808, als er beim Schuhmachermeister Caspar Bäuerle in Schorndorf einem Abschiedsfest von drei aufbrechenden Wandergesellen beiwohnte, die es zum Abschied der lustigen Runde darboten. Zu der ersten Strophe ließ Silcher sich 1824 vom Tübinger Literaturstu-denten Heinrich Wagner noch zwei weitere hinzudichten. So ist es eines der bekanntesten deutschen Abschiedslieder geworden und erfreut sich auch außerhalb Schwabens großer Beliebtheit.
Interessanterweise verabschiedete sich der „King of Rock'n Roll" Elvis Presley am 5. März 1960 genau mit diesem Lied von seinen Fans, als er Deutschland nach seiner Militärzeit wieder verließ, was ihm eine große Zahl neuer Anhänger der älteren Generation in Deutschland einbrachte. Er brachte es als Song auf dem Plattenalbum „Wooden Heart" heraus und die ausgekoppelte Single erreichte sogar Platz zwei der deutschen Charts – die höchste Platzierung, die ein Elvis-Titel bis dahin in der Bundesrepublik erreicht hatte.

Lebhafte Begleitung mit Orff'schen Instrumenten möglich.
Schreitender 4/4-Takt

My Bonnie is over the ocean [Seite 89]

Dieses schöne schottische Lied erzählt von einer Frau, die sich ihren „Bonnie" (Bonnie ist das schottische Wort für hübsch) zurück wünscht. Ihr Liebster ist mit dem Schiff über den Ozean fortgefahren („over the ocean") und so träumt sie in der Nacht auf ihrem

Kopfkissen, er wäre tot. Das Happyend folgt zum Glück und ihr Seemann kommt zurück. Ein Lied, das durch seine eingängige Melodie die Sänger und Zuhörer sofort in seinen Bann zieht und deshalb auch überall auf der Welt bekannt geworden ist.

Kann gut rhythmisch begleitet werden.
Wiegender 6/8-Takt

Nun ade, du mein lieb Heimatland [Seite 93]

August Disselhoff, (1829-1903) lebte u.a. in Arnsberg. Die Überlieferung will wissen, dass er diese Lied auf den Ruinen des Arnsberger Schlossberges gedichtet und dort selbst nach einer bekannten Melodie zum ersten Mal gesungen hat. Die ursprüngliche Fassung des Textes lautete: „Nun ade, du mein lieb' Heimatland. Westfalen mein, ade! Es geht jetzt fort zur Saale Strand, Westfalen mein, ade!" Bereits 1855 ist das Lied mit seiner heutigen Fassung in die „Liedersammlung für Schulen" aufgenommen worden. Disselhoff ist an verschiedenen Orten als Pfarrer tätig gewesen. Ein stimmungsvolles Heimat- und Volkslied, das — soweit das deutsche Lied gepflegt wird — bei Heimat- und Wanderfreunden wie auch in geselliger Runde gern und oft gesungen wird.
Der Marschrhythmus des Liedes kann gut mit Orff'schen Instrumenten begleitet werden und bietet Gelegenheit, vielfältig zu improvisieren (z.B. Wer kann das Lied pfeifen?)

Instrumentalbegleitung empfehlenswert.
Marschierender 4/4-Takt

Nun ruhen alle Wälder [Seite 26]

Der deutsche Dichter Paul Gerhardt (1607-1676) schrieb über 130 geistliche Lieder, von denen einige auch in Volksliedsammlungen aufgenommen wurden. Zu der alten Melodie von Heinrich Isaac schuf er insgesamt neun Strophen, die noch heute im ev. Gesangbuch vollständig erhalten sind. Ein feierliches, bewegendes Lied, das gut als Tagesausklang gesungen werden kann.

Instrumentalbegleitung nicht empfehlenswert.
Ruhiger 4/4-Takt

Nun will der Lenz uns grüßen [Seite 42]

Ein fröhliches Maien- und Frühlingslied, das trotz seines mittelalterlichen Ursprungs auch heute noch eine belebende, erfrischende Wirkung auf die Musizierenden hat. Das angegebene Begleitostinato ist besonders einfach und leicht zu erlernen, da es Ton für Ton vom Grundton bis zur Quinte und zurück gespielt wird. Es kann auf Xylophon, Metallophon oder Glockenspiel gespielt werden.

Begleitung mit Rhythmusinstrumenten.
Fröhlicher 4/4-Takt

O Tannenbaum [Seite 48]

Dieses schöne Weihnachtslied von einem Tannenbaum geht auf ein schlesisches Lied aus dem 16. Jh. zurück: „Ach Tannenbaum, ach Tannenbaum/ Du bist ein edler Zweig!/ Du grünest uns den Winter, die liebe Sommerzeit." Die 1. Strophe schrieb August Zarnack, die 2. und 3. Strophe Ernst Anschütz (1780 - 1861), beide studierte Theologen, Lehrer und Musiker. Zarnack stellte in seiner Fassung die Treue des Tannenbaumes der Untreue eines Mädchens gegenüber. So hieß es bei ihm: „2. O Mägdelein, wie falsch ist dein Gemüte! Du schwurst mir Treu' in meinem Glück, nun arm ich bin, gehst du zurück."3. Die Nachtigall, nahmst du dir zum Exempel: sie bleibst solang der Sommer lacht, im Herbst sie sich von dannen macht." 4. „Der Bach im Thal, ist deiner Falschheit Spiegel: er strömt allein, wenn Regen fließt, bei Dürr' er bald den Quell verschließt." Erst Anschütz machte es durch seine Dichtkunst zu dem bekanntesten deutschen Weihnachtslied.

Kann mit Orff'schen Instrumenten begleitet werden.
Ruhiger 3/4-Takt

O wie wohl ist mir am Abend [Seite 30]

Ein Kanon, der als Ausklang von Gruppenaktivitäten oder als Abendlied geeignet ist. Er lässt sich auch gut mit Instrumenten begleiten. Jede Gruppe kann dabei mit Glocken arbeiten, die nur beim abschließenden Bim, Bam gespielt werden. So entsteht ein im Raum kreisender Glockenklang. Fortgeschrittene können dabei den lauten Gesang weglassen und innerlich mitsingen, so dass nur die Glockentöne zu hören sind.

Begleitung mit Rhythmusinstrumenten.
Ruhiger 3/4-Takt

Oh, du lieber Augustin [Seite 134]

Ein bekanntes Scherzlied, das als belebendes Element in der Musiktherapie eingesetzt werden kann. Man kann auch eigene Strophen dazu dichten, die von tatsächlich einmal verlorenen Dingen erzählen. Es ist zurzeit der Pest in Wien (1679) vom Stadtpfeifer Marx Augustin, genannt der liebe Augustin, komponiert worden. Es entstand, nachdem ihn ein Mädchen verlassen hatte und er, volltrunken am Wegesrand liegend, für einen Pesttoten gehalten wurde und so in einem Massengrab aus seinem Rausch wieder aufwachte.
Als Stadtpfeifer sorgte er damals in vollen Wirtshäusern für Ablenkung von der Angst auch an Pest zu erkranken und dieses zunächst „Pestlied" genannte Lied, machte ihn in ganz Wien berühmt.
Originalstrophe: „Jeden Tag war sonst ein Fest, jetzt aber haben wir die Pest und ein großes Leichennest, das ist der Rest. O du lieber Augustin, leg nur ins Grab dich hin. O du mein herzliebes Wien, alles ist hin!" (Quelle: Thurmair, Ahrens; Bastei Lübbe 1979)

Begleitung mit Rhythmusinstrumenten.
Fröhlicher 3/4-Takt

236

Peterzill und Suppenkrut [Seite 110]

Ein in Norddeutschland entstandenes Kinderlied, das getanzt und gesungen wurde, wenn die Kinder Hochzeit spielten. Das Verkleiden in Braut und Bräutigam ist ein bei Kindern beliebtes Spiel.

Begleitung mit Rhythmusinstrumenten empfehlenswert.
Flotter 2/4-Takt

Rhabarber [Seite 111]

Ein neues Kinderlied, das die Gartenpflanze Rhabarber auf den Arm nimmt, der zwar zunächst sauer schmeckt aber als Kuchen oder Kompott mit Marmelade zubereitet eine Köstlichkeit darstellt. Ein Lied für Kinder, das der Autor oft und gerne mit Kindern singt und dann immer wieder für sehr viel Freude sorgt.

Kann gut rhythmisch begleitet werden.
Schwungvoller 4/4-Takt

Rosenstock und Holderblüt [Seite 155]

Ein Ländler, in dem ein verliebter Bursche in blumigen Worten sein auserwähltes Mädchen beschreibt. Durch die sehr bewegte Melodie (großer Stimmumfang) und den tänzerischen Rhythmus wirkt dieses Liebeslied anregend und konzentrationsfördernd. Es kann helfen, Emotionen zu wecken (z.B. durch Erinnerungen an eigene „Schwärmereien").

Begleitung mit Rhythmusinstrumenten empfehlenswert.
Lebhafter 3/4-Takt

Rote Wolken am Himmel [Seite 112]

Ein schönes, kleines Frühlingslied, dessen Herkunft unbekannt und das selten veröffentlicht wurde. Es klingt aber sehr schön und wird sowohl von Kindern als auch Älteren gern gesungen. Der Autor hat es von einer über 90-jährigen Dame, die ihm ihr Lieblingslied immer wieder vorgesungen hat. Es beschreibt die Herbststimmung (mit den Beeren sind die Hagebutten gemeint — Hag für dichtes Gebüsch) und die Hoffnung und Freude auf den Frühling.

Ein Lied zum Singen.
Ruhiger 3/4-Takt

Sabinchen war ein Frauenzimmer [Seite 188]

Einer der bekanntesten Balladen (s. a.: Mariechen saß weinend ...) aus dem 19. Jahrhundert, eigentlich eine Parodie auf die zahlreichen, damals im Umlauf befindlichen Moritaten. Der rüde Text hat auch heute noch nichts von seiner Wirkung verloren und erzeugte Schauer und Erschrecken. Heute kann uns der Inhalt nicht mehr schrecken und wir besingen gern mit der „Lust am Untergang" vom Schicksal Sabinchens.

Begleitung mit Rhythmusinstrumenten.
Schwingender 6/8-Takt

Sah ein Knab ein Röslein stehn [Seite 157]

Über 50 Melodien wurden zu Goethes Text komponiert, u.a. von Mozart, Schubert und Schumann. Der junge Goethe wurde dazu durch Erlebnisse in Sesenheim inspiriert. Die bekannteste, hier abgedruckte Melodie, stammt vom Braunschweiger Musiklehrer und Chorleiter Heinrich Werner. Diese kurze, aber ungemein spannungsreiche Geschichte war nicht ohne Grund für so viele Musiker interessant. Goethe hat hier ein altes und ursprünglich mehrere Dutzend Strophen langes Volkslied auf drei Strophen komprimiert. Es handelt von einem ungleichen Kampf, den die Rose, nicht ohne sich zu wehren, verliert. Der von der Schönheit der Rose begeisterte Jüngling zerstört sie und erhört nicht ihr Bitten um Schonung. Goethe hat im „Heideröslein" seine tragische Liebesbeziehung zu der Pfarrerstochter Friederike Brion verewigt, die während einer leidenschaftlichen Romanze von ihm schwanger wurde. Ihren Wunsch nach Heirat verweigerte der freiheitsliebende Goethe, woraufhin sich Friederike von ihm trennte. Sie verlor das Kind, heiratete nicht mehr und endete als gebrochener Mensch. Ein sehr bekanntes Volkslied, das viele Menschen emotional anspricht und gerne gesungen wird.

Dezente Begleitung mit Orff'schen Instrumenten möglich.
Schwingender 6/8-Takt

Santa Lucia [Seite 156]

Das gut bekannte italienische Lied stammt aus Neapel und beschreibt das Werben eines Bootsführers um Gäste für eine nächtliche Bootstour auf seinem Nachen (Kahn). Die romantische Melodie ist sehr emotional und erzeugt meist eine besondere Stimmung. Es eignet sich gut als Tanzlied. Tipp für Bewegung im Sitzen: Alle geben sich die Hand und schwingen im Rhythmus des Liedes hin und her.

Begleitung mit Orff'schen Instrumenten möglich.
Mäßiger 3/8-Takt

Saurierlied [Seite 113]

Ein Kinderlied, das auf lustige Weise die faszinierenden Dinosaurier beschreibt. Obwohl seit langem ausgestorben, sind die meisten Kinder immer noch von ihnen fasziniert und verschlingen Bücher über Saurier, spielen mit Modellen oder sehen begeistert Filme über diese riesigen Tiere. Dieses Lied hat der Autor Albrecht v. Blanckenburg schon mit vielen Kindern gesungen, die immer wieder begeistert mitgemacht haben und möchte es hier erstmals einer breiteren Öffentlichkeit vorstellen.
Ein lustiges Lied, das zum Tanzen, Mitstampfen und Klatschen motiviert und gut mit Rhythmusinstrumenten begleitet werden kann, besonders Spaß macht das „U- Aah", das lauthals gebrüllt werden kann.

Schwungvoller 4/4-Takt

Schneeflöckchen, Weißröckchen [Seite 49]

Ein einfaches und sehr beliebtes Winterlied, das deutsche Kolonisten aus den strengen, russischen Wintern mitbrachten.

238

Begleitung mit Metallinstrumenten (Glockenspiel, Metallophon, Becken, Triangeln etc.), um die Kälte auch musikalisch darzustellen.
Als Übung für die Feinmotorik kann man die Schwingungen des Beckens vorsichtig mit den Fingerspitzen fühlen lassen (Hängendes Becken).
Schwingender 3/4-Takt

Schön ist die Jugend [Seite 79]

Ein sehr sentimentales Lied, das von der vergangenen Jugendzeit erzählt. Da es oft Traurigkeit erwecken kann, sollte es mit Sensibilität gesungen werden. Es kann aber anregen, über Stimmungen wie Sehnsucht, Heimweh und schöne Erinnerungen an die Kindheit zu sprechen und so helfen, die Vergangenheit zu verarbeiten.

Ein Lied nur zum Singen.
Ruhiger 3/4-Takt

Schön ist die Welt [Seite 84]

Das bekannte Fahrten- und Reiselied ist hier einmal mit rhythmischer Begleitung notiert. Die Begleitostinati zeigen, wie sich verschiedene Begleitmuster ergänzen können. Die Pauke betont den Taktschwerpunkt, während die Handtrommel die unbetonte Zeit (Off Beat) spielt. Da eine rhythmische Mehrstimmigkeit doch einige Übung erfordert, muss man Gruppen langsam an diese Spielweise heranführen. Als Einstiegsübung mit Körperinstrumenten kann man z.B. die 1 auf die Knie patschen und die Achtelschläge auf die 2 klatschen.
Begleitung mit Orff'schen Instrumenten.
Schreitender 2/4-Takt

So nimm denn meine Hände [Seite 191]

Ein stark emotional wirkender Choral, der Trost geben kann. Er hat viele Menschen ihr Leben lang begleitet und kann bei Geburt oder Hochzeit genauso gesungen werden, wie bei Krankheit oder Tod.
Die geistliche Liederdichterin Julie Hausmann (1826 Riga, Lettland - 1901 Võsu, Estland) verlebte ihre Kindheit in Mitau (Lettland), war Lehrerin und Erzieherin in verschiedenen Häusern ihrer baltischen Heimat und schrieb in stillen Stunden nieder, was sie innerlich erlebte. Sie teilte ihre Lieder und Gedichte aber nur wenigen mit. Nachdem sie in verschiedenen Kurorten Deutschlands Heilung von ihrem Kopfleiden suchte, verbrachte sie vier Jahre in Biarritz. 1870 fand sie schließlich eine Bleibe in St. Petersburg bei ihrer ältesten Schwester, die dort Vorsteherin der St. Annenschule war. Sie führte dort den Haushalt und gab Musikstunden in und außer Hause. Ihre Gedichte erschienen anonym als „Lieder einer Stillen im Lande"— schließlich wurde sie aber doch bekannt, nicht zuletzt durch Friedrich Silcher, der die Musik zu diesem Lied schrieb.

Ein Lied nur zum Singen!
Ruhiger 4/4-Takt

Stehn zwei Stern am hohen Himmel [Seite 27]

Dieses Liebeslied aus dem Wester- oder Odenwald lässt einen jungen Mann zu Worte kommen, der weit von seiner Geliebten entfernt ist. Er sieht zwei helle Sterne im Nachthimmel, die ihn an sie erinnern und seine Sehnsucht noch verstärken. Es endet mit dem uralten Versprechen: „Ich bin dein, du bist mein", das schon im 12. Jh. bekannt war und seitdem immer wieder in Gedichten und Liedern vorkommt.
So heißt es in einem plattdeutschen Gedicht: „Du bist min, ih bin din, des solt du gewis sin. Du bist beslossen in minem herzen, verlorn ist daz sluzzellin (Schlüsselchen), du môst och immer dar inne sin" und Paul Gerhard textete 1653: „Herr, mein Hirt, Brunn aller Freuden, Du bist mein, Ich bin dein, Niemand kann uns scheiden."

Ein Lied zum Singen.
Ruhiger 2/4-Takt

Steht auf, ihr lieben Kinderlein! [Seite 13]

Ein christliches Morgenlied, getextet vom Lutherschüler, Reformator und Schriftsteller Erasmus Alber (1498-1553 Superintendent in Neubrandenburg/Mecklenburg), das mit insgesamt 9 Strophen auch im evangelischen Gesangbuch steht. Die ruhige und kraftvolle Melodie von dem böhmischen Kantor Herman (1500-1561), der 1553 vom katholischen zum evangelischen Glauben wechselte, wird entspannt gesungen und kann uns auch durch den christlichen Text zu einem schönen Tagesbeginn verhelfen.

Instrumentalbegleitung nicht empfehlenswert (zu viele Temposchwankungen).
Ruhiger 2/2-Takt (im evangelischen Gesangbuch 8/2-Takt)

Trara, die Post ist da [Seite 109]

Dieses Lied war früher in vielen Kinderliederbüchern zu finden und ist heute nahezu verschwunden. Es ist geeignet, Erinnerungen an frühere Spiele mit Posthorn, Postkutsche u.v.a. zu wecken.

Begleitung mit Rhythmusinstrumenten, z.B. Marschtrommel.
Lebendiger 4/4-Takt

Trariro, der Sommer, der ist do [Seite 44]

Ein lustiges Sommerlied, das in der Pfalz am Sonntag Laetare gesungen wird. Es erinnert an den heidnischen Kult, den Winter mit allerlei Getöse zu verjagen. In der letzten Strophe wird die Melodie zwischen den beiden Kehrreimen wiederholt, um den angegebenen Text dort unterzubringen.

Begleitung mit Orff'schen Instrumenten.
Lebendiger 4/4-Takt

Üb immer Treu und Redlichkeit [Seite 164]

„Der alte Landmann an seinen Sohn" hieß dieses Gedicht des Dichters Hölty (1748-1776, lebte in Hannover; Mitglied des Göttinger Dichterbundes), das von Mozart so trefflich vertont wurde und so war es ursprünglich auch gemeint: Als Mahnung der älteren Generation an die Jugend. Dieses Lied spricht viele Menschen an, da es Werte und Ideale thematisiert, die in früheren Generationen besonders intensiv gelernt wurden. Es ist deshalb gewinnbringend, sich für dieses Lied Zeit zu nehmen und z.B. einer Gruppe die Möglichkeit zu geben, darüber zu reflektieren und zu diskutieren — auch über den Wandel der Werte.

Begleitung mit Orff'schen Instrumenten empfehlenswert.
Mäßig bewegter 4/4-Takt

Und der Hans schleicht umher [Seite 158]

Ein Küchenlied, dass sich heute noch großer Beliebtheit erfreut. Franz von Woyna, ein preußischer Offizier zu Berlin, komponierte 1845 die Melodie zu dem Text, dessen Verfasser unbekannt geblieben ist. In drei Strophen wird die Geschichte eines Streites mit anschließender Versöhnung mit einfachen Worten so treffend beschrieben, dass sich jeder gut in die Lage von Hans und Liese hineinversetzen kann. Besonders die Depression des Hans, dem nur Zuwendung helfen kann, regt viele an, über eigene Erfahrungen in Beziehungen zu berichten. Ein Lied, das „Herzen öffnen" kann.

Dezente Begleitung möglich.
Ruhiger 3/4-Takt

Und in dem Schneegebirge [Seite 187]

Die uralte Legende vom Jungbrunnen wird hiermit all seiner Tragik in einem alten Volkslied dargestellt. Es lässt sich bis zum Jahre 1533 zurückverfolgen und hat seinen Ursprung in Schlesien (Glatzer Bergland). Es ist auch heute ein aktuelles Thema. Das Lied weckt Emotionen und kann in der Musiktherapie gut thematisiert werden. Auch als Begleitlied für Vorlesestunden von Märchen oder Sagen geeignet.

Begleitung mit Orff'schen Instrumenten empfehlenswert.
Ruhiger 3/4-Takt

Wachet auf [Seite 10]

Schöner Morgenkanon, der durch seine aufstrebende Melodie die Lebensgeister wecken kann.

Begleitung nicht empfehlenswert (Konzentration auf die Stimme!).
Schwingender 3/4-Takt

Waldeslust [Seite 45]

Sehr beliebtes Sommerlied, das besonders durch seine lang gezogenen Töne eine sehr eigene Melodieführung hat. Besonders beliebt bei Chören, die mit Inbrunst das „Waldeslust" singen. Regt an, in den Wald zu gehen und dort sich und sein Leben zu überdenken. Der melodramatische Inhalt scheint dabei besonders anzukommen, denn dieses Lied erfreut sich größter Beliebtheit und gehört zum Repertoire von vielen Volksmusikern obwohl es doch eher traurig ist. Es ist aber dadurch geeignet, Gefühle freizulegen, verschlossene Menschen zu öffnen und zum Singen zu bringen.

Begleitung sensibel einsetzen.
Schwingender Walzertakt (3/4)

Weihnachtsnacht [Seite 50]

Dieses neue Weihnachtslied ist eine Erstveröffentlichung des Autors. Es entstand innerhalb eines multikulturellen Projekts mit verschiedenen Künstlern in Barsinghausen, in dem es um die Botschaft der Mitmenschlichkeit und Toleranz zwischen den verschiedenen Kulturen ging. Es steht mit Absicht am Ende dieses Buches, denn es symbolisiert das Ende und den Neuanfang eines (Jahres) Zyklus. Der einfache Refrain ermöglicht es den Sängern gleich mitzusingen. Am Text hat der Bruder des Autors, Moritz v. Blanckenburg mitgearbeitet.

Kann gut rhythmisch begleitet werden.
Ruhiger 4/4-Takt

Weißt du wie viel Sternlein stehen [Seite 28]

Bekanntes Abendlied vom Fabeldichter Wilhelm Hey, mit dem Generationen von Kindern ins Bett gebracht wurden. Dadurch ist es mit vielen positiven Gefühlen (Geborgenheit, Liebe etc.) verbunden und eignet sich auch für alle Menschen als Abschluss eines Tages.
Hey, von dem auch „Alle Jahre wieder" stammt, wurde als Sohn eines Pfarrers in Leina geboren. Nach dem Theologiestudium erhielt er in Gotha 1814 eine Lehrerstelle und 1818 seine erste Pfarrerstelle in Töttelstedt. Gleichzeitig fing er an zu schreiben und seine „Fünfzig Fabeln für Kinder" (1833) und der Folgeband (1835) wurden ein großer Erfolg, fanden weltweite Verbreitung und wurden in viele Sprachen übersetzt. 1837 schrieb er dieses beliebte Lied. Er starb am 19.5.1854 in Ichtershausen (Thüringen), wo er von 1832 an lebte und wirkte und im Heimatmuseum an ihn erinnert wird.

Die verschiedenen Strophen können mit Orff'schen Instrumenten unterschiedlich begleitet werden.
Abwechslungsreiche Begleitung mit Orff'schen Instrumenten empfehlenswert.
Ruhiger 3/4-Takt

Wem Gott will rechte Gunst erweisen [Seite 80]

Josef Frhr. von Eichendorffs (1788-1857) bekanntes Wander- und Reiselied drückt hier in Bildern der Natur einen seelischen Zustand aus, der voller Freude und Lebendigkeit ist. Das Lied hat eine beschwingende Energie, kann Menschen aktivieren und so auch zum

242

Mitsingen oder -spielen motivieren. Tipp: Es empfiehlt sich, begleitend auch einmal aus den Gedichten von Eichendorff vorzulesen.

Begleitung mit Rhythmusinstrumenten empfehlenswert.
Schreitender 4/4-Takt

Wenn alle Brünnlein fließen [Seite 160]

Ein Liebeslied, das durch die Bearbeitung des Tübinger Musikpädagogen und Komponisten Friedrich Silcher („Ännchen von Tharau", „Ich weiß nicht, was soll es bedeuten" u.v.a.) weit über Schwaben hinaus bekannt geworden ist. Das hier u.a. beschriebene Zuzwinkern und Flirten mit dem Fuß (unter dem Tisch?) zeugt von der früher oft scheuen und heimlichen Art junger Paare, sich gegenseitige Zuneigung zu offenbaren. Ein interessantes Thema für eine Gesprächsrunde?!

Begleitung mit Orff'schen Instrumenten empfehlenswert.
Lebendiger 4/4-Takt

Wenn der Pott aber nu en Loch hat [Seite 135]

Scherzlied, das in Norddeutschland (wo die beiden Heinerich und Lisebeth heißen), in Hessen und am Niederrhein in Varianten bekannt ist. Das sich im Kreise drehende Lied kann man gut mit verteilten Rollen singen (Männer: Heinrich, Frauen: Liese). Es eignet sich auch für pantomimisches Spiel oder erzählenden Tanz, wobei man die beschriebenen Gegenstände als Requisiten benutzen kann.

Begleitung mit Orff'schen Instrumenten empfehlenswert.
Schwungvoller 3/4-Takt

Wenn die Bettelleute tanzen [Seite 175]

Ein lustiges Tanzlied aus dem 19. Jahrhundert. Der Refrain: „Eia, so geht's" ist leicht erlernbar, da er in jeder Strophe wieder vorkommt und dann den jeweiligen Stropheninhalt wiederholt. Man kann mit Vorsänger und Chor arbeiten, der dann beim „Eia, ..." einsetzt.

Begleitung mit Orff'schen Instrumenten empfehlenswert (auch einmal Melodie auf Stabspielen versuchen).
Lebendiger 3/4-Takt

Wenn hier een Pott mit Bohnen steiht [Seite 176]

Ein lustiges Polkalied aus Mecklenburg, das bereits 1839 in Ostpreußen mündlich verbreitet war und zuerst in Ludwig Erks früher Sammlung, „die deutschen Volkslieder mit ihren Singweisen, Leipzig 1839", unter dem Namen „Maruschka" abgedruckt war. Es fand dann aber weiter Verbreitung und wurde um die Jahrhundertwende in ganz Deutschland gesungen (Quelle: Deutsches Volksliedarchiv, Freiburg). Der Schriftsteller Georg Hermann (geb. 1871 in Berlin, gest. 1943 in Auschwitz) schreibt in seinem gut fundierten im Berliner Judentum spielenden historischen Roman, „Jettchen Gebert": „Ganze Gesellschaften sangen neue Gassenhauer, wie das Lied von dem Topf mit Bohnen und dem mit der Brühe" (1906). Meist wird es als Hamburger Kreuzpolka oder Rosenpolka bezeichnet, ist aber noch ein Vorgänger der Polka, ein „Schottisch".

Zu der Melodie gibt es verschiedenste Textfassungen im Dialekt. So heißt z.B. die hessische erste Strophe: „Wenn do e Schissel mit Bouhne stäiht unn do e Dippche mit Brih, do laß ich d' Schissel mit Bouhne stroh unn gäih zu moiner Marie! Marie, Marei, Maruschkaka, Marie, Marei, Mara, do loß ich d' Schissel mit Bohne stäih unn gäih zu moiner Marie !"; die ostpreußische 2. und 3. Strophe: „Un wenn Marie nich dansen kann, denn hett se schweiwe Bein; treck ick ehr'n langen Kleedrock an, denn is dat nich tau seh"; „Marie, dat is ne söte Deern von Kopp bis an de Föt, un wenn ick ehr nen Kuß opdruck, O Jung, wo smeckt dat söt".

Muntere Begleitung mit Orff'schen Instrumenten empfehlenswert.
Lebendiger 2/4-Takt

Wenn ich ein Vöglein wär [Seite 159]

Liebeslied, das der bedeutende Schriftsteller, Theologe und Philosoph Johann Gottfried Herder (1755-1803) in seiner meisterhaften zweibändigen Volksliedersammlung „Stimmen der Völker in Liedern", in dem er Lieder aus verschiedensten Sprachen ins Deutsche übersetzt hat, herausgegeben hat. Ein Lied, das auch die Situation vieler besonders eingeschränkter Menschen beschreibt: Die verlorene Mobilität, das Verlassensein vom Partner oder der Familie und die damit verbundene Einsamkeit.

Früher hieß das Lied: „Der Flug der Liebe"; der Wunsch fliegen zu können steht hier symbolisch für den Versuch, aus der Realität zu entfliehen und sei es nur in Gedanken. Das Lied bietet die Möglichkeit, über ihre eigene Einsamkeit zu reden.

Begleitung mit Orff'schen Instrumenten empfehlenswert.
Ruhiger 3/4-Takt

Wenn in stiller Stunde [Seite 77]

Das in ganz Deutschland bekannte vaterländische Lied „Freiheit, die ich meine" aus dem Jahre 1818 gab seine Melodie auch diesem Heimatlied der Pommern. Es ist aus der Sicht eines Wanderers gedichtet, der aus der Fremde an seine Heimat denkt und spricht auch die Menschen an, die aufgrund des 2. Weltkrieges Pommern, das heute zu Polen gehört, verlassen mussten.

Begleitung mit Rhythmusinstrumenten möglich.
Ruhiger 4/4-Takt

Wer hat die schönsten Schäfchen [Seite 29]

Die Melodie stammt von dem Musiker Johann Friedrich Reichardt, (geb. 1752 in Königsberg), einer der gebildetsten, belesensten Komponisten überhaupt, dessen Person zwar zu Lebzeiten heftigen Kritiken ausgesetzt war, dessen Werk aber in der Bevölkerung wärmste Aufnahme fand. Seine Lieder sang man z.B. in den Grundschulen Schlesiens, während seine Kammermusikwerke und Singspiele am Hofe von Mecklenburg-Schwerin oder in Hamburg gern und oft gespielt wurden. Besonders bekannt sind seine Melodien

244

zu Liedern. Er wurde aber nicht nur als „Singekomponist" bekannt, sondern war auch Schriftsteller, Gelegenheitsdichter und Maler. Besonders beliebt war sein filigranes Lautenspiel, schon mit 10 Jahren führte sein Vater Konzertreisen mit dem „Wunderknaben" im Raum zwischen Riga und Danzig durch. Als international hoch angesehener königlicher Hofkapellmeister (1775-1792 unter Friedrich II) schrieb der ausgebildete Jurist aber auch einfache Kindergesänge wie dieses schöne Lied zu dem Text von Hoffmann von Fallersleben. Johann Friedrich Reichardt starb am 27.06.1814 in Giebichenstein bei Halle.

Wer recht in Freuden wandern will [Seite 81]

Dieses Wanderlied ist, neben „Der Mai ist gekommen", der bekannteste Liedertext von Emanuel Geibel (1815-1884). Der Komponist war der Eislebener Organist und Seminarlehrer Franz Gustav Klauer, der als Komponist der „Morgenwanderung" aber nicht in Vergessenheit geraten wird, denn das Lied erfreut sich auch heute noch großer Beliebtheit. Es wurde besonders in der Schule gesungen und gehört auch heute noch zum Repertoire von vielen Chören. Es wurde 1840 das erste Mal gedruckt, zwei Jahre nachdem es Geibel gedichtet hatte.

Lebendige Begleitung mit Orff'schen Instrumenten möglich.
Frischer 4/4-Takt

Wer will fleißige Handwerker sehn [Seite 165]

Ein altes Kinderspiellied, das vielen Menschen noch gut bekannt ist. Da es ein Bewegungslied ist, eignet es sich auch gut für die aktive Musiktherapie oder Rhythmik, denn es motiviert während des Singens zu unterschiedlichen Bewegungen.

Begleitung mit Orff'schen Instrumenten empfehlenswert (dabei kann man für jede Strophe ein anderes Instrument einsetzen).
Lebhafter 4/4-Takt

Widewidewenne [Seite 114]

Ein kleines, altes Spiellied übers „liebe" Federvieh und vielen weiteren Tiere, die zu einem Bauernhof gehören. Das früher unter dem Titel „Das Hausgesind" bekannte Lied ist ein Beispiel dafür, wie das Alltagsleben in Volksliedern beschrieben werden kann. Im Englischen gibt es als Parallelbeispiel das Lied: „Old Mac Donald has a farm", das man auch einmal ausprobieren kann.

Für die Begleitung mit Instrumenten geeignet.
Munterer 3/4-Takt

Winde wehn, Schiffe gehn [Seite 90]

Dieses schwedische Seemannslied eignet sich gut zur Begleitung mit Orff'schen Instrumenten, da es eine einfache Melodie und wenig Harmoniewechsel hat.
Beim Einsatz der Instrumente muss man die Klangeigenschaften der Instrumente berücksichtigen (Dauer des Klanges, Klangcharakter etc.). Bei den hier angegebenen Be-

gleitostinati spielt das Xylophon mit seinen kurzen und prägnanten Tönen Viertelnoten, während das länger klingende Metallophon halbe Noten übernimmt.

Begleitung mit Orff'schen Instrumenten empfehlenswert.
Ruhiger 4/4-Takt

Winter ade [Seite 56]

Zu der vermutlich aus dem 16. Jahrhundert stammenden Melodie des Abschiedsliedes „Schätzchen ade" dichtete August Heinrich Hoffmann aus Fallersleben bei Braunschweig, genannt Hoffmann von Fallersleben, den bekannten Kinderliedertext: „Winter, ade !". Erst durch diesen neuen Text wurde das Lied in ganz Deutschland bekannt.

Begleitung mit Orff'schen Instrumenten empfehlenswert (nach der 3. Strophe kann der Kuckucksruf gespielt werden, C-A).
Ruhiger 3/4-Takt

Wir kommen heut zusammen [Seite 8]

Ein neues Begrüßungslied, das besonders für Musik- oder Singgruppen geeignet ist. Die einfache und fröhliche Melodie motiviert zum Mitmachen. Der Text weist auf die zwei herausragenden Merkmale des Musizierens hin: Die belebende und kommunikative Wirkung auf die gegenwärtige Lebenssituation und das Wecken von Erinnerungen an eigene persönliche Erlebnisse in der Vergangenheit.

Begleitung mit Orff'schen Instrumenten empfehlenswert.
Tipp: Zunächst sollte das Lied nur gesungen werden.
Lebendiger 4/4-Takt

Wir sind zwei Musikanten [Seite 136]

Ein lustiges Lied aus Schlesien, das in verschiedensten Textversionen überliefert ist. Hier werden die Klänge unterschiedlichster Instrumente in Wortmalereien umgewandelt. Es stellt viele Instrumente vor, die im Orchester vorkommen. Ein großer Spaß, der beliebig erweitert werden kann; man kann im Instrumentalspiel für die eigenen Instrumente auch selbst neue Laute erfinden.
Tipp: Es gibt als vereinfachten Refrain (statt der jeweiligen Instrumentenklänge) auch die Textvariante I: „und wir können tanzen, hopsasa, hopsasa, hopsasa!" :I

Lebhafte Begleitung mit Orff'schen Instrumenten empfehlenswert.
Lebendiger 2/4-Takt

Wohlauf, die Luft geht frisch und rein [Seite 82]

Die Werke des Schriftstellers Joseph Victor von Scheffel (1826-1886), der 1852 als Malerpoet nach Italien ging und danach Bibliothekar und Archivar im Schloss zu Donaueschingen war, waren durch freiheitliche Gesinnung und romantische Naturfreude gekennzeichnet.

Der Text dieses heute fast vergessenen Liedes, das den Originaltitel: „Lied fahrender Schüler" hatte, drückt das Bewusstsein der „wandernden Scholaren" (mittelalterlicher Ausdruck für wanderende Schüler von lat: schola) und der Wandervögel aus, die noch bis zum Ende der Jugendbewegung (1933) gemeinsame Wandertouren unternahmen, bei denen immer auch gesungen wurde. Das Lied drückt die Lebensfreude und den Freiheitsdrang der damaligen Jugend aus, es wurde aber auch im Familienkreis gerne gesungen.

Begriffserklärung: Gau = wasserreiche, waldfreie Auenlandschaft (Mehrzahl von Au), kommt aber auch als Endsilbe für viele Ortschaften vor: Z.B. Breisgau, Torgau etc. „Gau" wurde von den Nationalsozialisten als Begriff für „Organisationseinheit" verwendet.

Begleitung mit Rhythmusinstrumenten empfehlenswert.
Mäßig schneller 4/4-Takt

Wo mag denn nur mein Christian sein [Seite 94]

Ein Lied, das auf die Beziehung zwischen Menschen und persönlichen Gegenständen hinweist. Viele Menschen heben derartige Dinge auf und nutzen sie als symbolische Erinnerung für Beziehungen, die sie zu ehemaligen Partnern, Freunden oder Verwandten hatten. Dieses Lied, das humorvoll mit dem Thema umgeht, kann Anlass bieten, einmal darüber zu sprechen, wen man vermisst und was einen besonders an sie/ihn erinnert.

Begleitung mit Orff'schen Instrumenten empfehlenswert.
Lebhafter 4/4-Takt

Zeigt her eure Füße [Seite 107]

Bei diesem Bewegungslied fangen Menschen oft ganz von selbst an, sich zu der Musik zu bewegen. Die hier beschriebenen, alltäglichen Bewegungen der Hausarbeit motivieren zum Mitmachen und regen zum Erinnern an früher täglich ausgeführte Arbeiten an. Als Gedankenarbeit kann man in der Therapie- oder Gesprächsrunde anregen, selbst die richtige Reihenfolge der Arbeitsgänge beim Waschen aufzuzählen.

Begleitung mit Orff'schen Instrumenten empfehlenswert (beim Notenbeispiel sind die Viertel mit Hals nach unten für die Trommel, Hals nach oben für Becken oder Triangel).
Lebhafter 4/4-Takt

Zizambambula [Seite 117]

Die Figur des Zauberers war schon immer für Kinder faszinierend. Hier wird besungen, was er alles zaubern kann. Ein Lied, das der Autor in einem Kindergartenprojekt gemeinsam mit Kindern geschrieben hat und das sich seitdem großer Beliebtheit erfreut.

Kann gut rhythmisch begleitet werden.
Schwungvoller 4/4-Takt

Zogen einst fünf wilde Schwäne [Seite 190]

Der Text und die Melodie dieses eindrucksvollen Antikrieglieds entstanden im 19. Jahrhundert in Litauen. Die Melodie wurde von Clemens Neumann nach mündlicher Überlieferung aufgezeichnet; 1917, im vierten Jahr des Ersten Weltkriegs, erschien die deutsche Bearbeitung durch Karl Plenzat. Es ist dem ostpreußischen Volkskundler und Professor zu verdanken, dass er dieses alte Lied bewahrt hat. Sein Vater, der Präzentor Plenzat aus Eydzuhnen, hat es aufgezeichnet: Im litauischen Urtext, denn die Siedler von jenseits der nahen Grenze haben es mitgebracht oder es entstand hier irgendwann im Laufe der Jahrhunderte, denn die Litauer bewahrten auch in Preußen ihre Sprache und Sangesfreudigkeit. Plenzat übersetzte den litauischen Urtext ins Deutsche, wobei er sich streng an die Urfassung hielt und brachte es in seine große Volksliedersammlung „Der Liederschrein“ ein.

Ein Lied zum Singen.
Ruhiger 4/4-Takt

Zum Tanze, da geht ein Mädel [Seite 177]

Schwedisches Tanzlied mit schöner, schwungvoller Melodie. Da der Volkstanz mit Bändern auch in Deutschland beliebt und verbreitet ist, kann man diesen Tanz einmal selbst ausprobieren.
Dazu werden bunte Bänder verteilt, die von je 2 gegenüber sitzenden Teilnehmern gehalten und zur Musik bewegt werden. Je nach Fähigkeiten der Gruppe kann man sich eine kleine Choreografie dazu ausdenken, die sowohl als Sitztanz als auch mit Bewegung im Raum viel Freude machen kann.

Begleitung mit Orff'schen Instrumenten empfehlenswert.
Schwungvoller 3/4-Takt

Quellenverzeichnis

Liederbuch für Niedersachsen, herausgegeben vom Niedersächsischen Heimatbund e.V., Möseler Verlag, Wolfenbüttel, 1994

Der Zupfgeigenhansl — Das Liederbuch der Wandervögel, Schott Mainz, Piper München, 1981

Unser fröhlicher Gesell, Möseler Verlag Wolfenbüttel Zürich, Voggenreiter Verlag, Bad Godesberg, 1964

Allgemeines Deutsches Kommersbuch, Herausgeber Silcher und Erk, Druck und Verlag Moritz, Schauenburg, 1886

Frau Musica, Ein Singbuch fürs Haus, Fritz Jöde, Deutsche Buch Gemeinschaft GmbH, Berlin, 1929

Vom Fels zum Meer — Liederbuch für deutsche Knaben, Karl Seitz, 10. Auflage 1900, Chr. Friedrich Dieweg GmbH, Berlin

Komm sing mit, Österreichisches Liederbuch, erweiterte Auflage 1980, Musikverlag Helbling, Innsbruck

Evangelisches Gesangbuch, Ausgabe für die Evangelisch-lutherischen Kirchen in Niedersachsen und für die Bremische Evangelische Kirche

Verlagsgemeinschaft für das Evangelische Gesangbuch Niedersachsen, Bremen, 1994

Im schönsten Wiesengrunde — Deutsche Volkslieder und wie sie entstanden, Elisabeth Thurmair, Donald Ahrens, Bastei Lübbe, 1979

Ars Musica, Ein Musikwerk für Höhere Schulen Band 1, Singbuch, Möseler Verlag, Wolfenbüttel, Zürich 1968

Mein schönstes Liederbuch, Gerhard Buchner, Schneider Buch, Franz Schneider Verlag GmbH, München, 1989

Großes deutsches Liederbuch, Monika Koster, Naumann & Göbel Verlagsgesellschaft, Köln, 1984

Keyboard für Senioren, Prof. Dr. Martin Kirchmayer, Dreieck, Regionalmagazin für die reifere Generation. 2 Nr. 7, September, 1992

Deutsche Volkslieder, Peters Textbücher, Bernd Pachnicke, Edition Peters, Leipzig, 1981

Volksthümliche Lieder der Deutschen im 18. und 19. Jahrhundert, Georg Olms Verlag, Hildesheim, New York, 1970 (Erstauflage 1895)

Deutsche Weisen, herausgegeben vom Willy Schneider Verlag Lausch & Zweigle, Stuttgart, 1958

Sang und Klang fürs Kinderherz, herausgegeben von Prof. Engelbert Humperdinck by Neufeld & Henius, Berlin, 1909

Kein schöner Land, herausgegeben von Norbert Linke, Bassermannsche Verlagsbuchhandlung, Niedernhausen/Ts.

Inhalt

252

Alphabetisches Liederverzeichnis